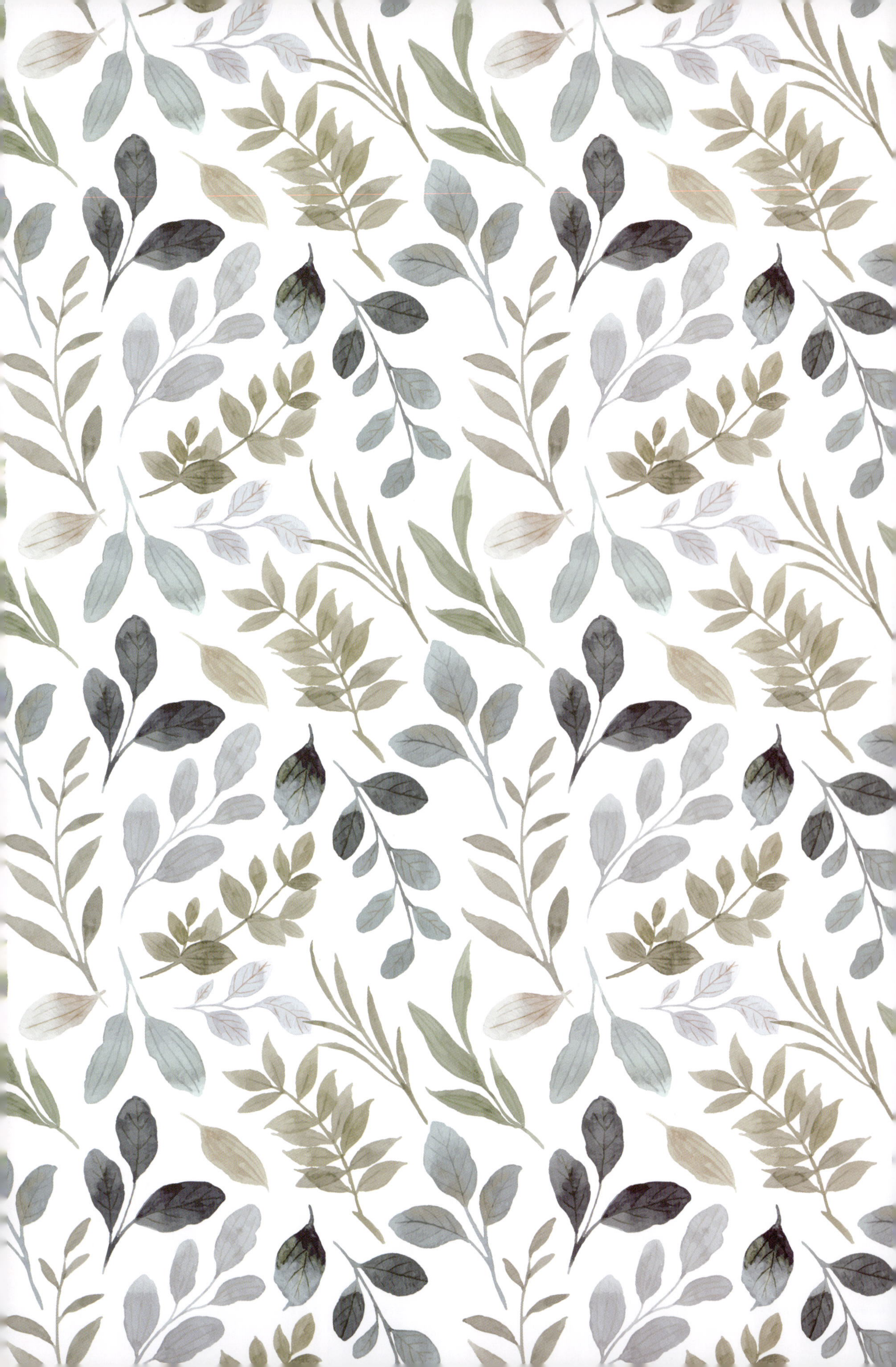

智慧鳥 —— 編繪

不一樣的世界歷史 ③

十六～十七世紀
近代科學發展

五南圖書出版公司 印行

國家圖書館出版品預行編目資料

不一樣的世界歷史. 3, 十六～十七世紀近代科學發展 / 智慧鳥作. — 初版. — 臺北市：五南圖書出版股份有限公司，2025.08
面； 公分. —（學習高手；259）
ISBN 978-626-423-649-2（平裝）

1.CST：世界史 2.CST：文明史 3.CST：通俗作品

713　　　　　　　　　　　　　　114010139

YC53　學習高手 259
不一樣的世界歷史3：十六～十七世紀近代科學發展

作　　者：智慧鳥
編輯主編：王正華
責任編輯：張維文
文字校對：葉　羚
封面設計：姚孝慈
出　版　者：五南圖書出版股份有限公司
發　行　人：楊榮川
總　經　理：楊士清
總　編　輯：楊秀麗
地　　址：106台北市大安區和平東路二段339號4樓
電　　話：(02)2705-5066
傳　　真：(02)2706-6100
網　　址：https://www.wunan.com.tw
電子郵件：wunan@wunan.com.tw
劃撥帳號：01068953
戶　　名：五南圖書出版股份有限公司
法律顧問：林勝安律師
出版日期：2025年8月初版一刷
定　　價：新臺幣320元

※版權所有．欲利用本書全部或部分內容，必須徵求本公司同意※

前言

　　有人說當人類發明火和輪子之後，世界從此不一樣了。是的，火照亮了未知的黑暗，而輪子推動我們的生活滾滾向前。從今天看來，這兩項技術的出現似乎微不足道，但它們卻代表著人類探索未知，不斷向前的創新精神。在過去的幾千年裡，以火和輪子為代表的種種科技變革，讓我們從茹毛飲血的原始人一步步走到今天，我們可以潛入深不可測的大洋底部，也可以飛向浩瀚無垠的宇宙遠方。我們能近觀原子內部的小小天地，也能遠望百億光年之外的大千世界。是無數科學家和發明家改變了我們的生活，只要你能像他們那樣勤於思考、善於觀察和發現，說不定你也能為世界科技的發展和進步作出自己的貢獻呢！

目錄

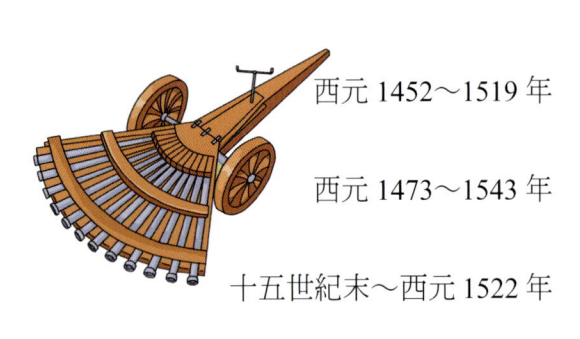

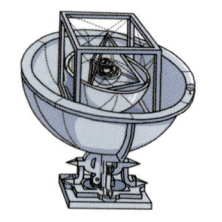

西元 1452～1519 年　達文西
　　　　　　　　　　　創意無限的發明家 ………… 1

西元 1473～1543 年　哥白尼
　　　　　　　　　　　提出日心說、開創現代天文學 …… 6

十五世紀末～西元 1522 年　地理大發現
　　　　　　　　　　　哥倫布和麥哲倫的海上歷險 ……… 12

約十六世紀　　　　　燃氣製鹽
　　　　　　　　　　　世界上最早的天然氣管網 ………… 20

西元 1526～1857 年　莫臥兒帝國的建築
　　　　　　　　　　　印度伊斯蘭文化的瑰寶 …………… 24

西元 1571～1630 年　克卜勒
　　　　　　　　　　　發現行星運動三大定律 …………… 30

西元 1596～1650 年　笛卡兒
　　　　　　　　　　　幾何座標的發明者 ………………… 35

西元 1609 年　　　　伽利略的望遠鏡
　　　　　　　　　　　歷史上第一架天文望遠鏡 ………… 40

西元 1623～1662 年　帕斯卡
　　　　　　　　　　　發明滾輪式加法器和注射器 ……… 47

西元 1643～1727 年　牛頓
　　　　　　　　　　　發現萬有引力、科學界「全才」…… 52

西元 1646～1716 年　萊布尼茲
　　　　　　　　　　　微積分的發明人 …………………… 60

西元 1654 年　　　　格里克發明空氣泵
　　　　　　　　　　　最早的氣壓調節裝置 ……………… 66

約十七～十八世紀　　清初瓷器
　　　　　　　　　　　古代製瓷業的巔峰 ………………… 70

達文西
創意無限的發明家

西元 1452～1519 年

李奧納多・達文西不僅是一位才華卓著的藝術家，還是一個創意無限的發明家。他曾設計過直升飛機、潛艇、鐮刀車等幾十種機械，雖然沒有完全研製成功，但在力學、空氣動力學等領域已經有探索和嘗試。

你知道李奧納多・達文西嗎？在很多人心裡，他是一位傑出的畫家，譬如《蒙娜麗莎》、《最後的晚餐》、《岩間聖母》等名畫都是他的傑作。

岩間聖母

他因出色的藝術造詣與拉斐爾、米開朗基羅並列為「文藝復興三傑」，但其實他不光通曉藝術，還對生物學、物理學、天文學、地質學都很有研究。最讓人嘖嘖稱奇的是他其實從未受過正規教育，他的科學成就都是透過自學而來。

文藝復興三傑

拉斐爾　達文西　米開朗基羅

1

達文西出生在佛羅倫斯共和國的一個小鎮上，他從小就對繪畫和雕塑感興趣，鄰居們都叫他小畫家。14 歲時，父親把他送到畫家韋羅基奧的畫坊，讓他當學徒。

韋羅基奧的畫坊也是許多學者、藝術家常常聚會的地方。達文西不僅在這裡學到了繪畫技巧，還受到濃厚的人文薰陶。在 25 歲那年，他終於出師，開設了自己的畫坊。

1482 年，達文西來到米蘭公國，他受到重用，擔任了軍事工程師、建築師、畫家等多重職務。達文西在米蘭生活了 17 年，除了創作繪畫，他將大部分時間都用在學習自然知識和機械設計上。

名畫《維特魯威人》

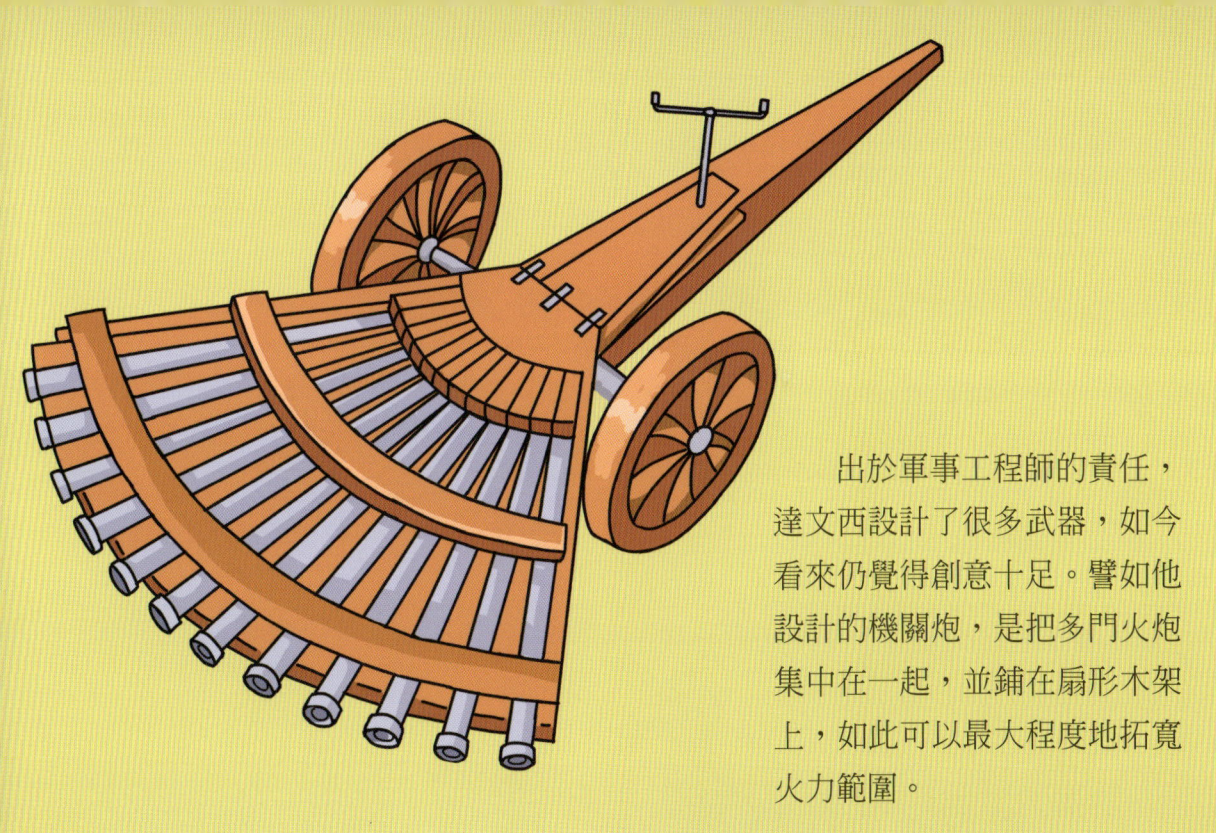

出於軍事工程師的責任，達文西設計了很多武器，如今看來仍覺得創意十足。譬如他設計的機關炮，是把多門火炮集中在一起，並鋪在扇形木架上，如此可以最大程度地拓寬火力範圍。

他還發明了集束炸彈，這種炸彈由圓形炮彈、鐵製裝置以及一個柔韌的套管組成。一旦發射，炮彈就會碎裂並四散飛開，可以最大範圍地攻擊敵人。

達文西還設計了一種鐮刀車，將長度驚人的鐮刀插在一個輪軸上，且輪軸透過鏈條與馬車相連，只要車輛前進，輪軸就會一邊快速轉動一邊砍削敵軍——真是一種可怕的武器。

最有趣的是，達文西還發明過最早的坦克——這種坦克的車身用木板拼合，像一個飛碟一樣，幾十門小型火炮排成一圈插入車身，可以一邊前進一邊發射炮彈。

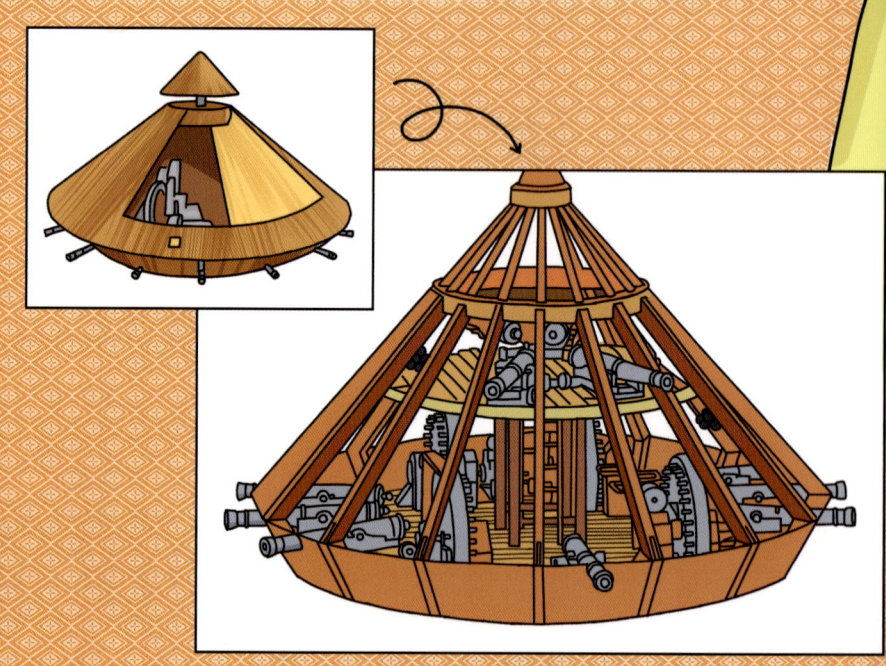

達文西的機械手稿中還有一種「直升機」，雖然現代的專家看了之後得出「這種機械永遠飛不起來」的結論，但這並不妨礙我們被達文西的奇思妙想所吸引。

1499 年，法國軍隊入侵米蘭，達文西為逃離戰亂回到了佛羅倫斯。他一邊繼續科學研究，一邊創作繪畫。著名的《蒙娜麗莎》就是這一時期所創作的。達文西為這幅畫下了很多功夫，首先勾勒素描、做數學計算，然後才動筆。為了讓模特兒保持心情愉悅，他還特地聘請小丑在畫室中表演。

　　1519 年，達文西與世長辭，被安葬在昂布瓦斯的國王法蘭索瓦一世城堡的教堂裡。直至今天，仍有許多人專程前來憑弔這位超越時代的天才。

哥白尼

提出日心說、開創現代天文學

西元 1473～1543 年

哥白尼提出了「日心說」，即地球圍繞太陽運轉，這一學說改變了人類對自然的看法。他也因此被認為是現代天文學的開創者。

在幾千年前，古人們看到日升月落的現象，就認為太陽和月亮都是圍繞地球運轉的。

二世紀時，古希臘天文學家托勒密完善了「地心說」，他認為不光是太陽和月亮，所有的行星都是圍繞著地球旋轉的。

這一學說很受中世紀的歐洲教廷推崇，因為他們認為「地心說」正是上帝寵愛人類的體現，很符合《聖經》對世界的解釋，所以地球是宇宙的中心。

但越來越多的天文學家在進行天文觀測時，發現「地心說」解釋不了他們觀測到的現象，因此對「地心說」產生質疑。

　　哥白尼在觀測兩個行星「會合」時，發現「會合」的日期和推測的不符，後來他和朋友分別在不同地區再次觀測、計算，確認這種現象是由於地球旋轉而引起的。

　　難道地球和所有的天體都是圍繞太陽運轉的嗎？帶著這個設想，哥白尼開始了更多研究。

其實早在 1327 年，另一位義大利天文學家達斯寇里就提出過「大地是一個球體」，卻因不被接受而被燒死，他的學說流傳了下來，並得到越來越多學者的認可。

「地球是圓的」這一觀點也被哥白尼吸收。

在 40 歲那年，哥白尼寫下了《試論天體運行的假設》，他在其中寫道：「所有的天體都圍繞著太陽運轉，太陽附近就是宇宙中心的所在。地球也和別的行星一樣做著圓周運轉。地球一晝夜繞地軸自轉一周，一年繞太陽公轉一周……」

後來，哥白尼又花費兩年完善了自己的日心說，並寫出《天體運行論》一書。這本書中記錄的天文資料非常準確，譬如他得到恆星年的時間為 365 天 6 小時 9 分 40 秒，和現在計算的誤差僅有百萬分之一。

哥白尼雖然完成了這本書的稿子，但一直不敢把書送去出版。他只能偷偷在羅馬舉辦演講，宣揚自己的理論。

直到古稀之年，哥白尼才鼓起勇氣，決定出版《天體運行論》。

1543年5月，哥白尼已經病入膏肓。他在病床上收到出版商寄來的樣書，不過他只來得及摸了摸樣書的封面，就與世長辭了。

　《天體運行論》終於得以出版多年後，他的追隨者布魯諾在歐洲四處遊走，並宣傳日心說，此舉終於引發教廷的不滿。1592年，布魯諾被逮捕。

但真理不會永遠被黑暗所壓迫。日心說悄悄地在歐洲傳播，並得到越來越多學者的支持。十六世紀，德國科學家克卜勒發現了行星運動三大定律，日心說的理論因此得到進一步的鞏固。

克卜勒

十七世紀末，牛頓發現了萬有引力定律，再一次論證了日心說。而地球圍繞太陽旋轉這一真理，也終於成為人們的共識。

牛頓

1830 年，人們在哥白尼的出生地波蘭立了一座塑像，用來紀念這位科學先驅。在黑暗的中世紀，他提出的「日心說」改變了人們對自然的認知，促使人們建立了現代宇宙觀念。人們將哥白尼稱為「現代天文學開創者」，以紀念他對人類的貢獻。

地理大發現

哥倫布和麥哲倫的海上歷險

十五世紀末～西元1522年

十五～十七世紀的歐洲人為開闢新航路而發起一系列遠航活動，這期間他們意外地發現美洲大陸和眾多島嶼。哥倫布和麥哲倫都是這一時期的代表人物。十五世紀時，哥倫布發現了美洲大陸；後來，麥哲倫又用航行證明了地圓說。

1415年，哥倫布出生在義大利的港口城市熱那亞。他從小就對航海非常感興趣，立志要當一個航海家。

當時的歐洲每年都要從東方進口大量香料，但香料貿易的利潤很多都被阿拉伯人獲取了，所以歐洲人一直想開闢新航路，直接和亞洲建立聯繫。哥倫布在聽說地圓說後，認為只要向西航行，就能找到通往印度和中國的新航路。

> 地球是圓的，我能從西方出發找到中國和印度。

為了驗證自己的想法，哥倫布開始在各個國家遊說，希望能得到皇室的贊助。但當時的人都把他當成騙子，經過他鍥而不捨地遊說了十幾年後，終於在 1492 年得到了西班牙女王的支持。

哥倫布的船隊從 8 月出發，經過了艱苦的航行，終於在 10 月看到了一片群島。哥倫布帶人在部分島嶼上進行考察，最後得出結論：「這裡就是亞洲了！」但其實他們登上的是美洲東岸的島嶼。

1493 年 3 月 15 日，哥倫布返回了歐洲，將自己的航行成果報告給女王。同年 9 月，他再次率領由 17 艘船組成的艦隊出發，準備在大陸上建立殖民統治。但還沒走到一半，大部分船隻就因為食物短缺而返航了。

後來，哥倫布又發起了兩次遠航。他在登上南美大陸後，發現這裡居住著許多原住民。由於哥倫布相信自己找到的大陸是印度，所以他將這些原住民稱為「印地安人」。

哥倫布帶著 3 艘船再次到達古巴島，並沿著海岸線向南航行。他在發現安提瓜島、維爾京群島和波多黎各島後，於 1496 年 6 月回到了西班牙。

在哥倫布忙於向西航行的期間，一名叫麥哲倫的少年也被編入了葡萄牙的航海事務所，他後來跟著葡萄牙艦隊遊遍了亞洲、非洲。哥倫布後兩次的航行在西班牙、葡萄牙引起了轟動，但人們很快推測出，哥倫布發現的不是亞洲，而是一塊新的大陸。

1506 年，哥倫布在西班牙去世。他的繼任者麥哲倫即將接任，並完成新一輪的地理大發現。

麥哲倫

1513 年，麥哲倫在東南亞參與殖民戰爭時，聽說在東南亞的東邊還有一片「香料群島」，麥哲倫也相信地圓說，他認為那片香料群島就是新大陸——美洲。

麥哲倫海峽

1518 年，麥哲倫獲得西班牙國王的資助，開始了橫渡大西洋之旅。在航行了 70 多天後，他的船隊到達了今天的巴西。隨後船隊沿著海岸線向南航行，發現了一道通往「南海」的峽道——這就是後人所稱的「麥哲倫海峽」。

南美洲
大西洋
太平洋
麥哲倫海峽
火地島

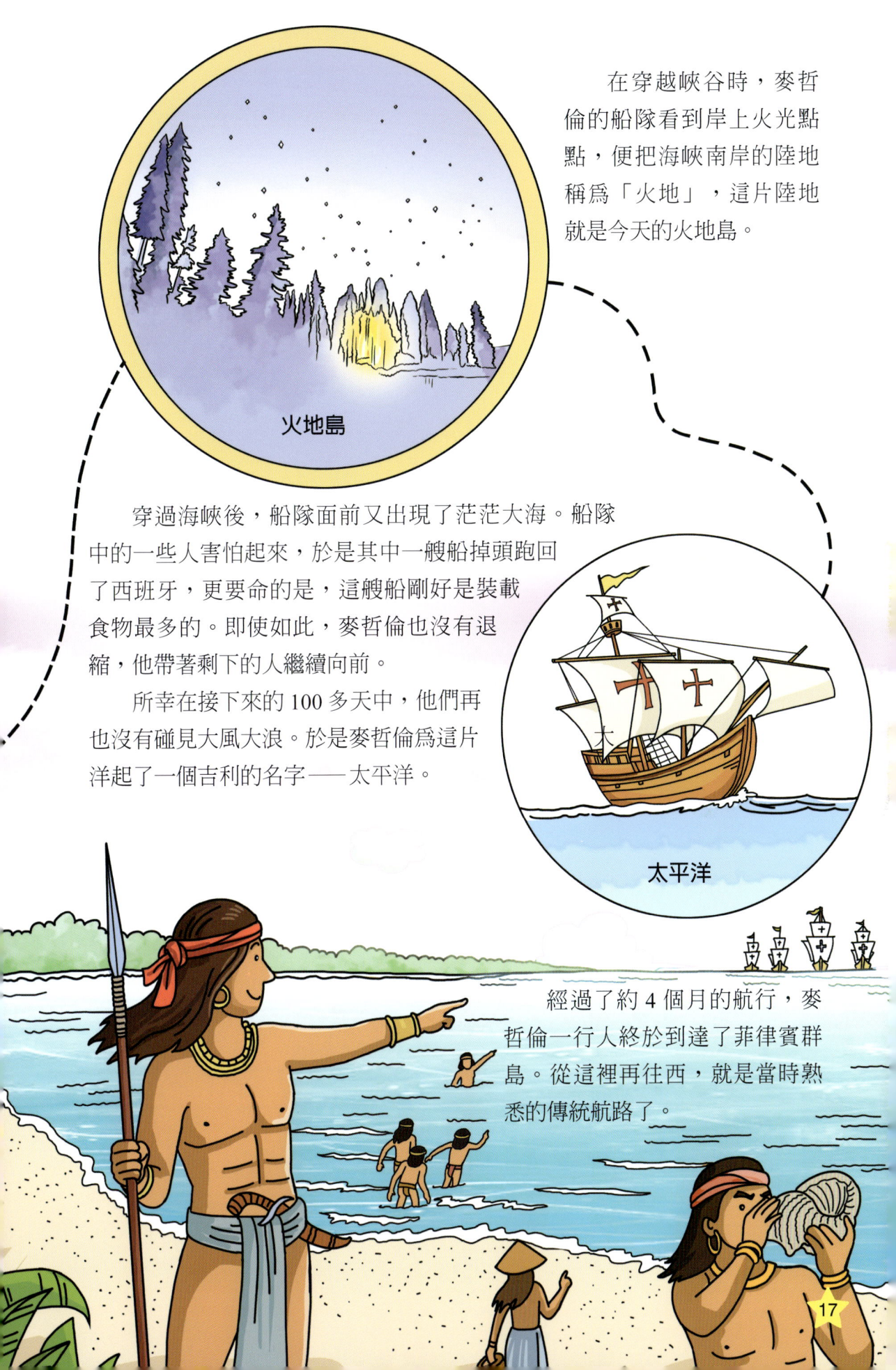

在穿越峽谷時，麥哲倫的船隊看到岸上火光點點，便把海峽南岸的陸地稱為「火地」，這片陸地就是今天的火地島。

火地島

穿過海峽後，船隊面前又出現了茫茫大海。船隊中的一些人害怕起來，於是其中一艘船掉頭跑回了西班牙，更要命的是，這艘船剛好是裝載食物最多的。即使如此，麥哲倫也沒有退縮，他帶著剩下的人繼續向前。

所幸在接下來的 100 多天中，他們再也沒有碰見大風大浪。於是麥哲倫為這片洋起了一個吉利的名字——太平洋。

太平洋

經過了約 4 個月的航行，麥哲倫一行人終於到達了菲律賓群島。從這裡再往西，就是當時熟悉的傳統航路了。

17

麥哲倫終於用航行證明地球是圓的。持續了幾百年關於地球面積和形狀的爭論也終於有了結果。不過麥哲倫卻沒有機會親自將這一偉大的發現告訴歐洲人——因為他在菲律賓群島捲入了部族間的戰爭，不幸被菲律賓人殺死了。

新大陸的發現和環球航行的完成，是地理大發現的重要成果，從此以後，越來越多歐洲人踏上了美洲的土地。然而，人類歷史也因此進入了一個黑暗篇章。

十六世紀中葉，西班牙軍隊踏上美洲的土地，他們侵略了馬雅、印加等美洲本土王國，殺死了他們的國王，並洗劫他們的黃金。

西班牙人在拆掉印加帝國的太陽神廟後，還在原址的地基上修建了基督教的教堂。

　　後來，歐洲人又在美洲和東南亞開啟殖民統治。他們把非洲黑人賣到美洲，強迫他們種植棉花和甘蔗，然後再把農產品運回歐洲銷售，這就是歷史上惡名昭彰的「殖民貿易」。

　　歐洲人在殖民貿易中累積了大量財富，為歐洲進入資本主義社會奠定了基礎。但美洲印地安人、非洲黑奴和其他受殖民的民族，卻在這幾個世紀中遭受了深重的苦難。

燃氣製鹽

世界上最早的天然氣管網

早在東漢時，四川的人們就發現地下有一種可以燃燒的氣體。只要在地上鑿個洞並點火，火焰就能持續燃燒。當時的人們雖然不知道其中的原理，但已將這種洞命名為「火井」。

到宋朝時，人們已經了解到火井之所以能燃起火焰，與洞中的氣體有關。人們用竹筒把火井中的氣體引到地面，點燃後用來煮鹽。

其實，這種會燃燒的氣體就是現代人很熟悉的天然氣。

約十六世紀

在明朝時，中國人已經開始燃燒天然氣了。四川的鹽井工人們用竹管搭建了複雜的管道網，把自流井中的天然氣引到灶台處點燃，並用以製鹽。那時的天然氣管網已經和現在的管網本質上沒有太大差別了。

人們在四川挖鹽井的時候，經常挖到自流井，其鹵水和天然氣會一起冒出來。為了高效地採集這些天然氣，明朝人開始用竹管搭建網路，把天然氣引到煮鹽的房間中——這就是世界上最早的天然氣輸送網路。

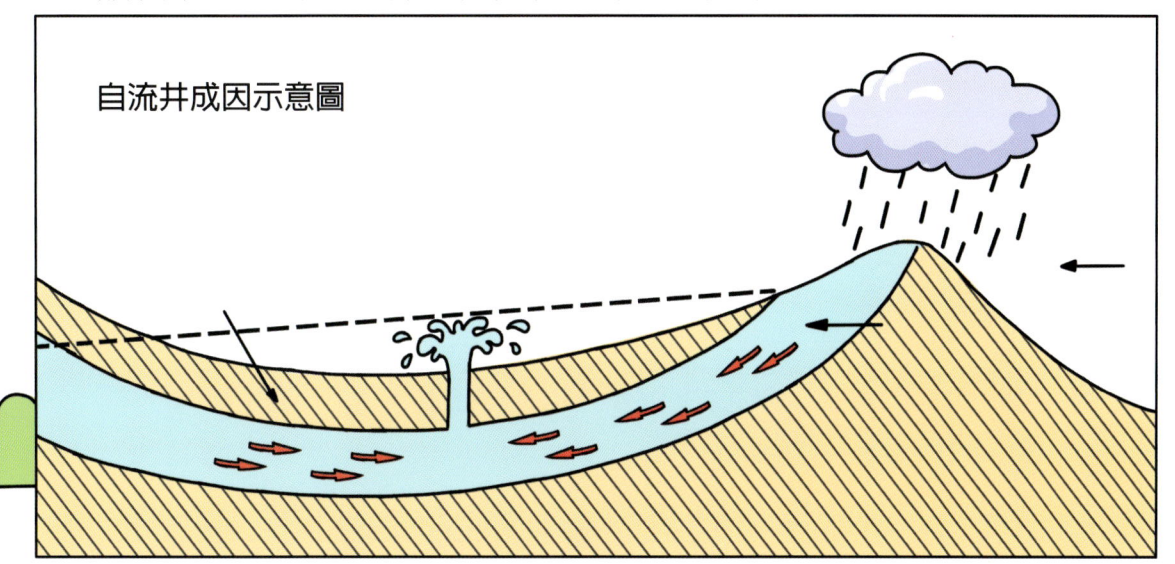

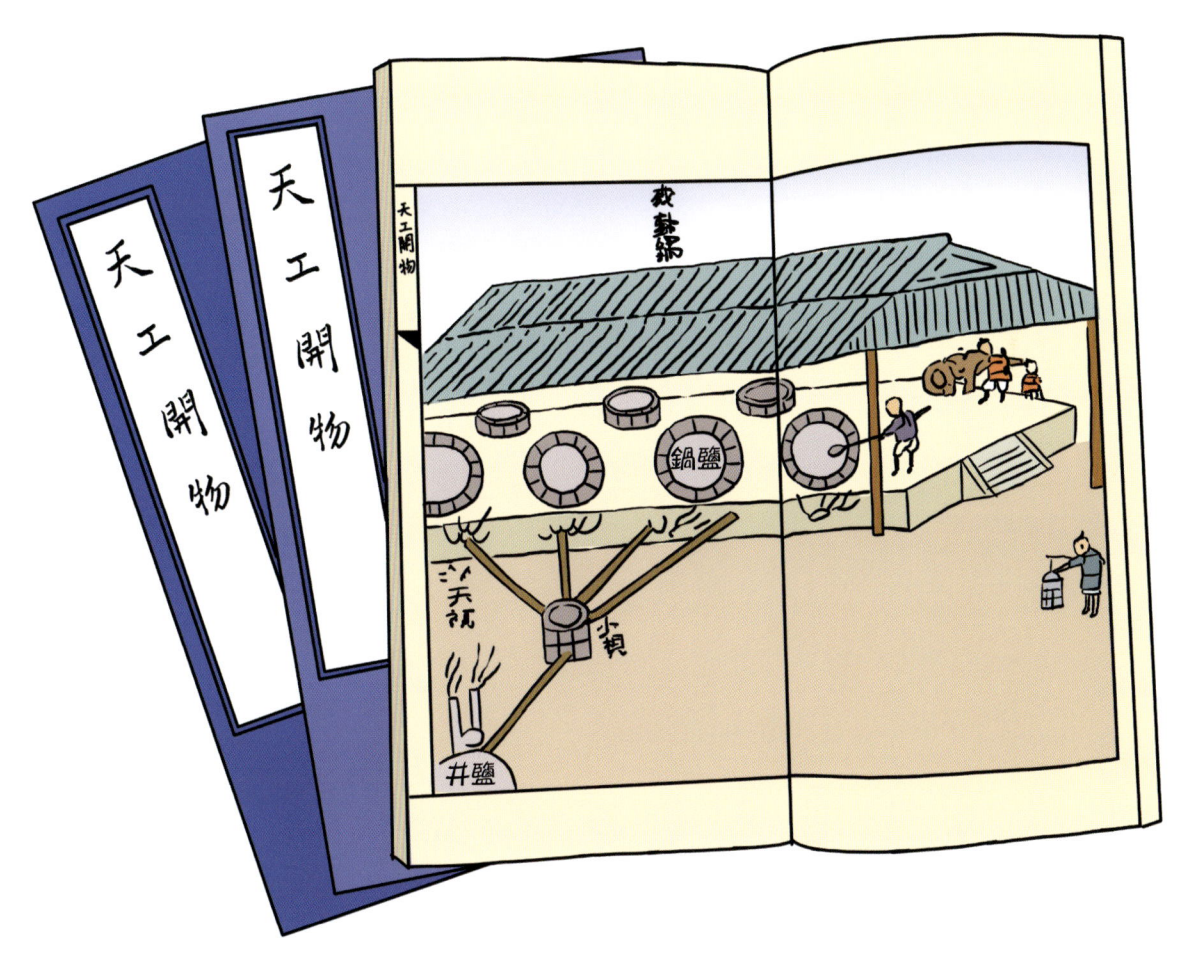

自流井成因示意圖

明末的科技工藝百科全書《天工開物》第五卷《作鹹·井鹽》中，就對竹管採集、運輸天然氣的技術做了詳細介紹。

書中說:「四川西部的(自流)井中冒出冷水,沒有一點火氣。但用竹子做成管道並插到井底,再把管道另一端接到煮鹵水的鐵鍋下,用明火一點,就會看到竹管外燃起熊熊烈火,不一會就會把鐵鍋中的水煮開。」

但因竹管的長度有限,所以要把不同的竹子拼接起來,建成管道網路。接縫處則用漆布纏繞,才能更好地密封。此外在管網中還有「氣站」,讓管道轉向、分流。

到了十七世紀,這種天然氣網路發展得更加成熟,根據《川鹽紀要》記載,當時一名叫林啓公的工匠,其製作的管道可以把天然氣運輸到一百多公里外。

1835年，四川自貢還挖出世界上第一口超過一千公尺的深井，這口井也是中國古代鑽井工藝成熟的標誌。

　　四川的鑽井叫卓筒井，是世界上最早的小口深井，誕生於十一世紀。中國人主要用這種井採鹽，但在十六世紀時，人們發現這種井也可以開採石油。於是在1523年，人們在四川嘉州建造了世界上第一個石油井。

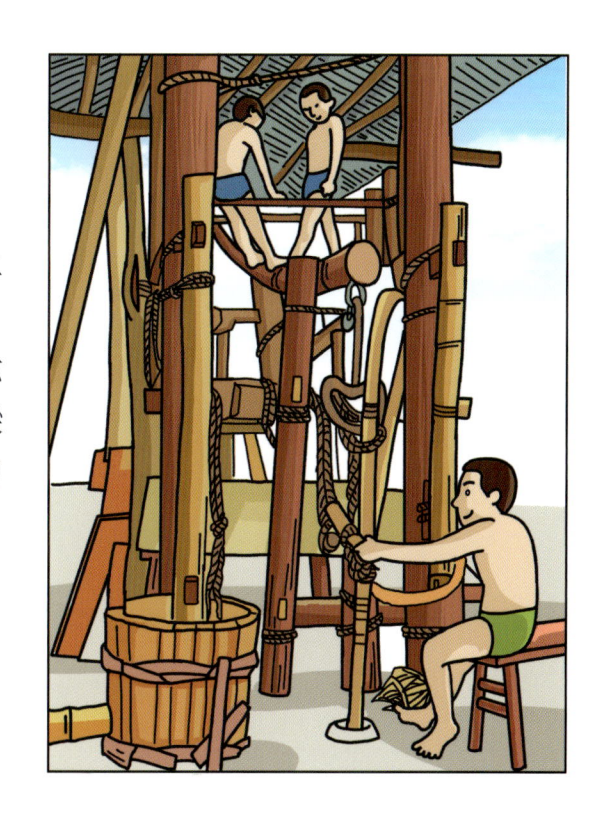

　　明朝的人們大概無法想像，幾百年後天然氣和石油將在人類社會中發揮巨大的作用。而這些石油井、天然氣井和運輸網路的雛形，就誕生在十六世紀的中國。

莫臥兒帝國的建築

印度伊斯蘭文化的瑰寶

西元 1526～1857 年

十六世紀時,帖木兒帝國的繼任者南下進入南亞次大陸,並建立了莫臥兒帝國。這是印度大陸在被英國殖民前的最後一個王朝。我們熟悉的泰姬瑪哈陵、紅堡等建築,都是修建於這一時期。

十六世紀初,帖木兒帝國的後裔巴布林南下入侵了南亞大陸。1523 年,他在印度建立了莫臥兒帝國。這個帝國在歷史上延續了 331 年,直到 1857 年被英國消滅。

莫臥兒帝國在第五任皇帝沙賈汗的統治時期中,其國力達到頂峰,領土覆蓋了幾乎整個南亞次大陸和阿富汗。我們現在一說起印度的建築,就會想到泰姬瑪哈陵,而這座陵墓正是沙賈汗為紀念自己的亡妻所修建的。

沙賈汗

泰姬瑪哈陵是一座伊斯蘭風格的清真寺，它的構思和布局充分體現了伊斯蘭建築莊嚴肅穆、氣勢宏偉的特點。當年為了修建這座陵墓，沙賈汗徵集了全國的白色大理石，還從中亞、緬甸等地購買了大量寶石，拼嵌在牆壁上。

　　其實，強大的莫臥兒帝國留下的建築遺產不止泰姬瑪哈陵，阿格拉堡、阿克巴大帝陵墓、德里紅堡、賈瑪清真寺等也是讓人驚嘆的建築藝術品。它們共同展現著十六～十七世紀印度的富庶。

阿格拉堡與泰姬瑪哈陵遙遙相望，是莫臥兒王朝第三任皇帝阿克巴大帝花費十幾年建成的宮殿群。城堡由紅砂岩城牆圍繞，城內有公眾大廳、寢宮、涼亭、瞭望塔、兵營等眾多建築。在阿克巴大帝去世後，他的後裔又修了一些建築，讓城內建築超過了500座。

阿格拉堡的核心區域建有一座樞密宮，是一座伊斯蘭與印度本土風格混合的建築。它由白色大理石建成，宮殿的穹頂鍍金，柱子上嵌滿寶石──這座宮殿正是阿格拉堡中最華麗的宮殿。

阿克巴大帝不僅營建了華美的宮殿，也為自己建造了恢弘的陵墓。阿克巴大帝陵墓建成於 1613 年，可惜這座建築在矗立了一個多世紀後，遭到了班達爾人的劫掠，附屬的建築都遭到破壞。

在沙賈汗統治時期，帝國的首都從阿格拉遷到了德里。沙賈汗在德里也修建了一座伊斯蘭風格的宮殿，也就是德里紅堡。

和阿格拉堡一樣，德里紅堡也是兼具宮殿與軍事防禦雙重作用。城堡被厚重的紅色城牆包圍起來，城中有明珠清真寺、公眾大廳、私人廳，以及專供皇帝使用的冉瑪哈勒宮等建築。

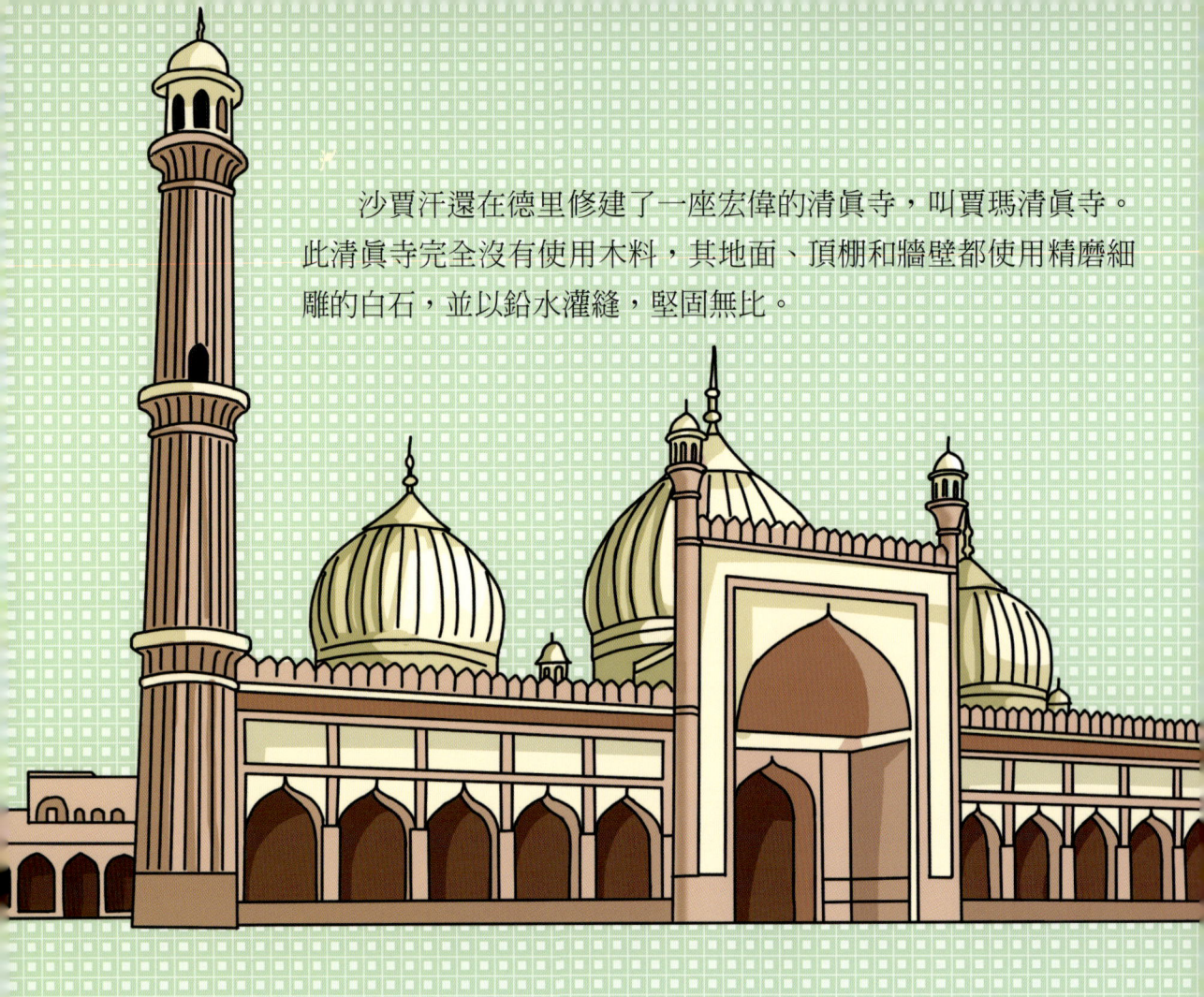

沙賈汗還在德里修建了一座宏偉的清真寺，叫賈瑪清真寺。此清真寺完全沒有使用木料，其地面、頂棚和牆壁都使用精磨細雕的白石，並以鉛水灌縫，堅固無比。

賈瑪清真寺建成於 1650 年，至今已近四個世紀，但依然雄偉華麗，它也被人們評為「當今世界三大清真寺之一」（另外兩座是沙烏地阿拉伯的麥加大清真寺、埃及開羅的愛資哈爾清真寺）。

莫臥兒王朝的這些建築不僅具有極高的藝術價值，也展現了古代中亞、印度建築工匠高超的建築技術。當我們站在這些建築瑰寶面前，便能直接地感受莫臥兒帝國曾經的繁華。

不過再強大的王朝也總有衰弱的一天，莫臥兒王朝也一樣。在十八世紀初，印度階層和宗教矛盾開始加劇，國家日益衰落。十八世紀中葉，西方殖民者也將魔爪伸向了印度。最終英國人擊敗法國和荷蘭殖民者，在印度全境建立起殖民統治。

1858 年，英國的維多利亞女王被授予印度女皇稱號，宣告莫臥兒王朝滅亡。南亞大陸再次步入新的歷史階段。

克卜勒
發現行星運動三大定律

西元 1571～1630 年

生活在十六世紀的德國天文學家克卜勒發現了行星運動三大定律，鞏固了日心說，並推動早期天文學的研究。他也因此獲得了「天空立法者」的美名。

1571 年，克卜勒出生在德國的一個小鎮上，他從小就對流星、月食等天文現象很感興趣。12 歲時，克卜勒開始學習托勒密和哥白尼的天文著作。他很快成為了哥白尼的擁護者，並在和同學的辯論中努力捍衛日心說。

23 歲時，他獲得推薦，開始擔任教會學校的教師，教授數學和天文學。在授課之餘，他根據自己的研究，撰寫了《宇宙的神祕》一書，還開始計畫撰寫另外幾本關於行星和物理的書。

在《宇宙的神祕》中，克卜勒描繪了太陽系行星的模型，並透過模型驗證了日心說。他還用一個公式展現了內行星和外行星軌道週期的增長率與軌道半徑差的關係。

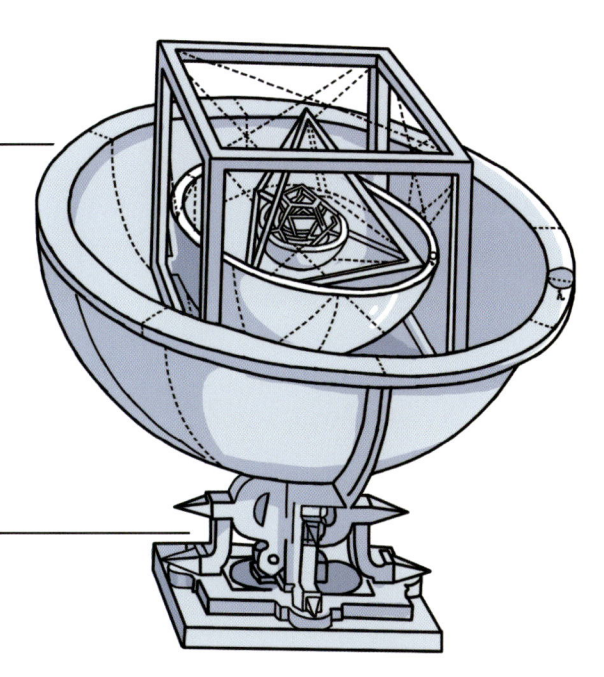

1600年，克卜勒來到天文學家第谷・布拉赫的天文臺工作，他在這裡觀察、分析火星的資料，研究月球動力，獲得了很多成果。在第谷去世後，克卜勒成為了第谷的接任者，開始擔任皇帝的學術顧問。

接下來的十幾年是克卜勒學術研究的高峰，他筆耕不輟，寫出了《天文學的光學需知》、《蛇夫座腳部的新星》、《新天文學》等多部天文學著作。

1615年，克卜勒完成了他一生中最重要的天文學著作《哥白尼天文學概要》，他在其中闡述了「行星三大定律」，分別是軌道定律、面積定律和週期定律。

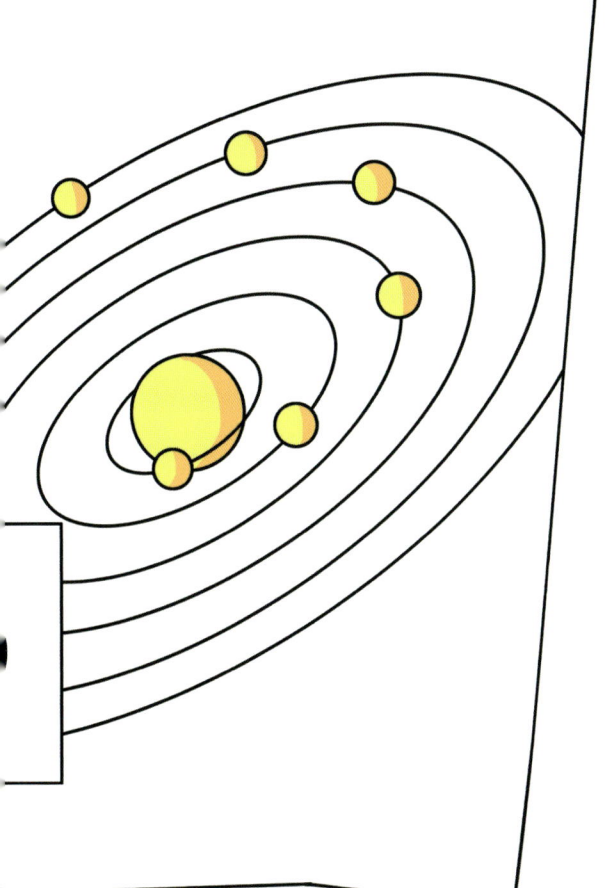

這三大定律的核心是：

① 所有行星分別在大小不同的橢圓軌道上繞著太陽運行。

② 在同樣的時間裡，行星與太陽的連線掃過的面積相等。

③ 各行星繞太陽公轉週期的平方與橢圓軌道半長軸的立方成正比。

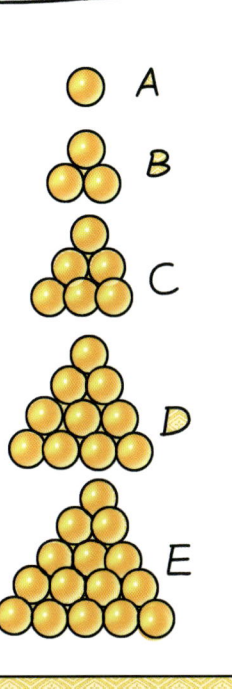

除了天文學，克卜勒在數學、光學上也有豐碩的研究成果。他撰寫了《六角雪花》、《折射光學》、《求酒桶體積之新法》等著作。這些研究也間接支持了他的天文學研究成果。

不過克卜勒的著作在發表之初並沒有獲得廣泛的支持，他編寫的《魯道夫星曆表》因存在誤差，導致其他天文學家無法按照他推測的時間觀測到凌日現象（指水星、金星圓面經過日面的現象）。

直到其他研究者根據觀測結果修正了克卜勒的資料，他的天文模型才得到越來越多人的認可。

克卜勒去世後，他的《哥白尼天文學概要》一書才在歐洲被廣泛流傳，甚至成為天文學教科書。日心說也被越來越多人們接受，成為了主流學說。

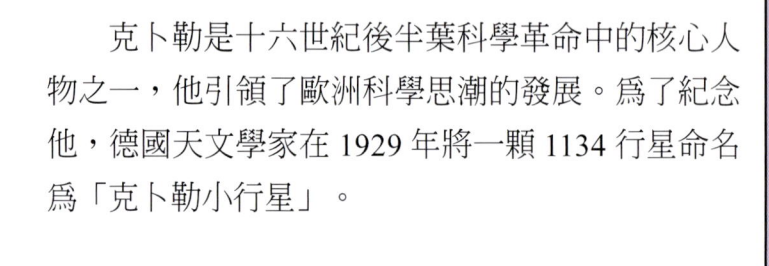

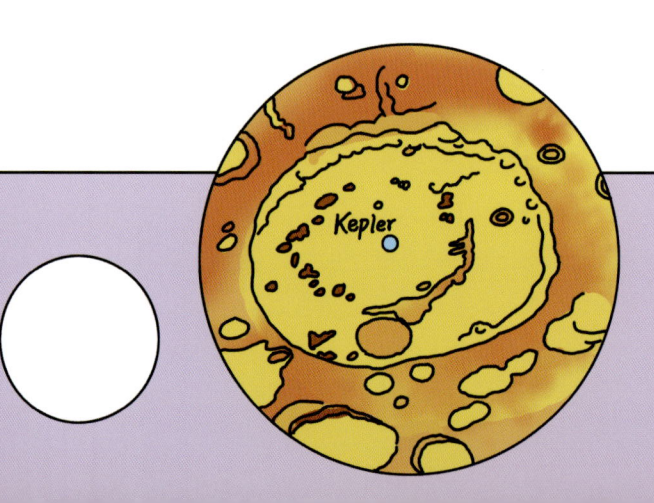

克卜勒是十六世紀後半葉科學革命中的核心人物之一，他引領了歐洲科學思潮的發展。為了紀念他，德國天文學家在1929年將一顆1134行星命名為「克卜勒小行星」。

笛卡兒

幾何座標的發明者

西元 1596～1650 年

笛卡兒是十七世紀西方著名的哲學家、數學家，他發明了幾何座標體系，將幾何與代數相結合，創立解析幾何學。笛卡兒還提出「動量守恆定律」，為牛頓的力學研究奠定了基礎。

「我思，故我在」是一句家喻戶曉的哲學名言，它的意思是「我思考，所以我存在」。而說這句話的人就是十七世紀法國著名的哲學家、數學家──笛卡兒。

> 我思，故我在

笛卡兒出生在法國一個貴族家庭，他從小就喜歡思考，周圍的人都叫他小哲學家。少年時，他進入一所貴族學校，學習了歷史、神學、哲學、醫學、數學等各種知識。在學習其他科目時，笛卡兒總覺得教科書上的論證前後矛盾，只有數學最能讓他信服。

長大後的笛卡兒一直對選擇什麼職業猶豫不決，後來，他乾脆來到荷蘭參軍。在服役期間，他對數學和物理產生了更加濃厚的興趣。

　　退伍後，笛卡兒回到了法國，但當時法國時局混亂，再加上教會勢力龐大，不允許人們自由討論宗教，於是笛卡兒搬到了荷蘭。在後來的二十多年裡，笛卡兒開始研究哲學、數學、天文學，並思索如何將幾何和代數結合在一起，進而發明幾何座標。

關於幾何座標的發明，還有一個有趣的小故事。據說，笛卡兒覺得幾何很具體，但代數很抽象，他一直想找一個方法讓代數也變得具體起來。有一天，他看到牆角的蜘蛛正在結網，突然受到了啟發。

他看到蜘蛛絲是線，而蜘蛛是一個黑點，蜘蛛在絲網上上下左右地移動，突然想到：「如果以牆角延伸出3條線作為座標軸，再將數字轉換成座標上的位置，不就可以用具體的幾何畫面標示出蜘蛛的位置了嗎？」

笛卡兒因此將幾何與代數結合起來，發明了解析幾何學。他建立的座標體系正是數學史上的一次重大突破！

在歐洲笛卡兒紀念館裡，還保留著一封用解析幾何寫成的另類情書——「笛卡兒心臟線」。

據說笛卡兒曾擔任瑞典公主克莉絲蒂娜的老師，兩人在相處時互生愛慕之情，但國王知道後不同意這門婚事，要處死笛卡兒，最後克莉絲蒂娜苦苦哀求，笛卡兒才免於死罪，被驅逐回法國。

笛卡兒在法國仍堅持給公主寫信，但這些信都遭到國王的扣留。這時，更不幸的事發生了！笛卡兒染上了黑死病。他自知時日無多，於是在生命最後的時光寄出了第13封信。

第13封信

國王拆開這第 13 封信後，看到上面只有一個公式：「$r = a(1-\sin \theta)$」，不明白是什麼意思，於是大發慈悲將信給了克莉絲蒂娜。公主看到這個公式後，立馬明白了笛卡兒的心意，因為將這個公式換算成座標，就是一個心形圖！

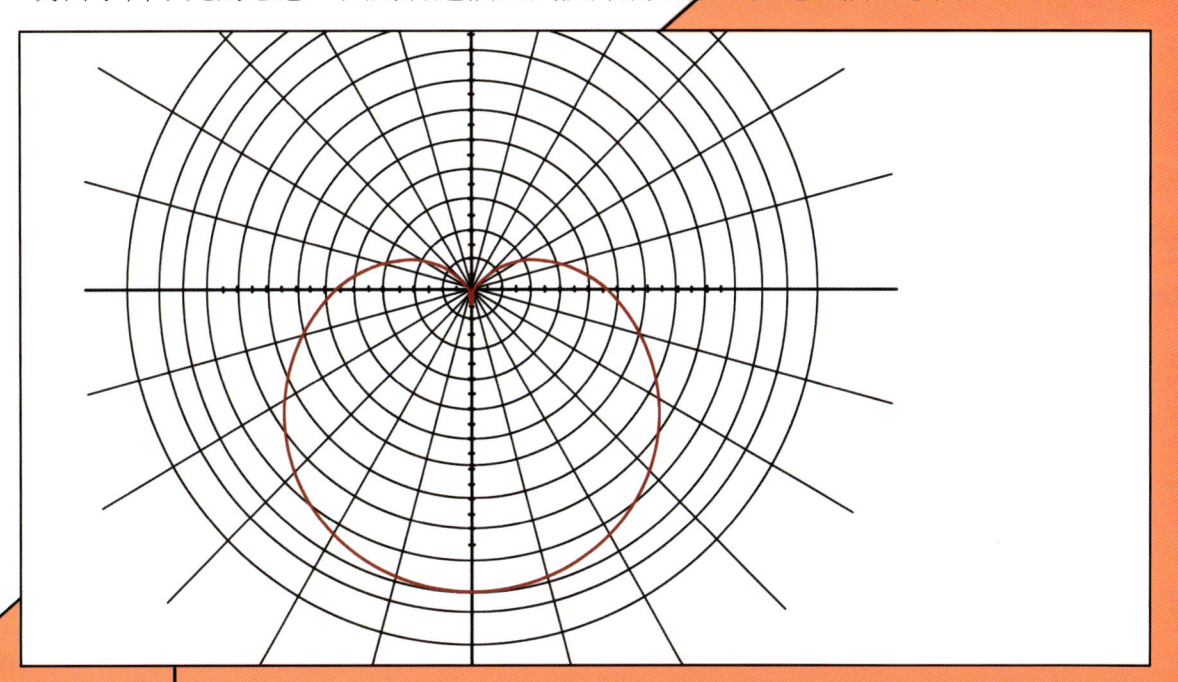

　　雖然這個愛情故事非常浪漫，但卻是虛構的。因為在歷史上，笛卡兒當克莉絲蒂娜的老師時，對方已經是女王了。此外，笛卡兒也沒有死於黑死病，而是死於肺炎。後人為笛卡兒編出了這個故事，也許正是想銘記笛卡兒在數學上的特殊貢獻吧！

伽利略的望遠鏡

歷史上第一架天文望遠鏡

西元 1609 年

伽利略是義大利天文學家、物理學家，被尊稱為近代歐洲自然科學創始人。在 1609 年，他發明世界上第一架天文望遠鏡，並用它發現了木星最大的 4 顆衛星，以及土星環。

歐洲的玻璃製造技術一直很先進。早在 1352 年義大利畫家托馬斯·摩德納創作的作品中，我們已能看到畫中人正拿著用玻璃製作的放大鏡閱讀書籍。

人們推測這種放大鏡出現於十三世紀末，但到底是誰發明了它，至今還一直沒有定論。有一些人認為，放大鏡的發明者正是被歐洲人稱為「科學之父」的羅傑·培根。

培根精通數學和光學，他曾在自己撰寫的《大著作》裡，用大量篇幅討論幾何光學問題。據說他從露水折射光線得到啟示，用玻璃製作出第一支光學放大鏡。後來，這種放大鏡逐漸演變成了眼鏡。

到了十七世紀初，隨著切割和拋光鏡片的能力增強，鏡片商們製作出更清晰的眼鏡鏡片。據說有一天，一個荷蘭眼鏡商的兩個孩子來到父親的店裡玩，他們擺弄著店裡的鏡片，將鏡片組合起來觀察遠處的教堂。

這個叫漢斯‧李普希的眼鏡商也學著孩子們的作法重疊鏡片，意外發現特定的鏡片組合可以將遠處的風景放得更大。他以此想法發明了望遠鏡。

李普希的望遠鏡是一個長筒造形，他將面紗包在鏡頭處，只允許少量的光線進入望遠鏡的鏡筒，這在當時是一個創舉。之後，李普希製作的望遠鏡開始傳遍歐洲。

1609年，科學家伽利略購買了一架望遠鏡，並將其改造用於天文觀察。透過自己製作的天文望遠鏡，伽利略看到很多全新的天文現象，譬如：銀河是由無數單個的恆星組成的；月球表面有崎嶇不平的現象；木星旁圍繞著4顆大衛星。

　　伽利略還觀察到太陽黑子現象，他根據黑子在日面上的自轉週期，得出太陽的自轉週期為28天（實際上是27.35天）。

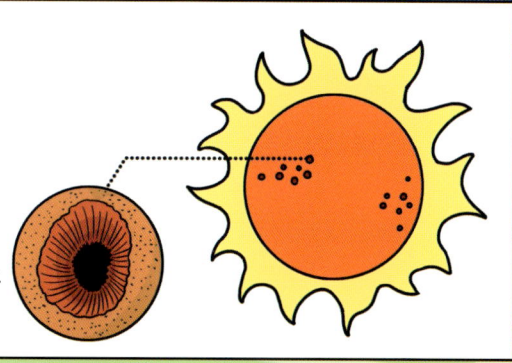

太陽黑子

　　伽利略根據自己的發現撰寫了兩本天文學著作《星際使者》和《關於太陽黑子的書信》，他在書中闡述自己的天文發現，並論證了哥白尼日心說的正確性。這些成果的發表在當時轟動了歐洲。

伽利略除了在天文學研究上成果豐碩,在力學研究上也很有建樹。他曾出版《重力論》一書,對亞里斯多德關於「重物比輕物下落得還快」的結論提出質疑。

伽利略的學生維維亞尼曾記錄到:「伽利略在比薩斜塔做過一個實驗,將兩個重量不同的鉛球一起丟下,最後它們幾乎同時落地,這個實驗證明了重力與質量無關」。

伽利略還對運動基本概念，包括重心、速度、加速度等都做了詳盡研究並給出嚴格的數學運算式。尤其是加速度的提出，是力學發展史上的里程碑。

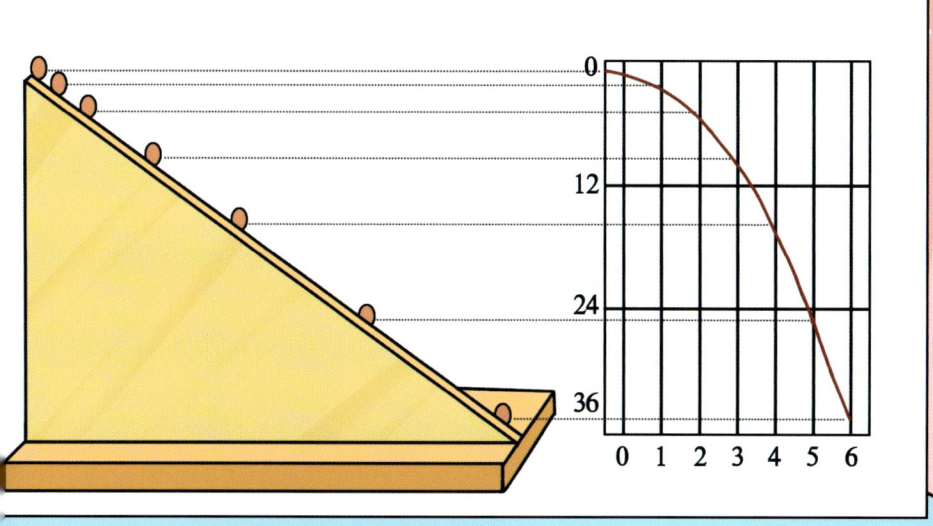

在 1638 年，伽利略還曾做過實驗計算光的傳播速度。他讓自己的兩個助手分別站在兩座山峰上，同時點燃燈並計時。按照他的設想，只要計算出兩人看到光的時間差，再除以兩座山峰間的距離，就可以測得光速了。

伽利略光速測量實驗

生活在現代的我們當然猜得出實驗結果：因為光跑得太快了，這個實驗無法測出光速。但這仍是人類的一次偉大嘗試。

伽利略一生信奉科學，為了追求真理，他一直與教廷勢力鬥爭著。他致力宣揚日心說，這引起了教廷的強烈不滿。在 1633 年他受到宗教控告，隨後宗教裁判所對他進行了監禁。

　　伽利略是在軟禁中度過生命中最後的一段時光，但他仍沒有放棄科學實驗，甚至還撰寫出《兩門新科學》，其中內容涉及運動學和材料強度學。後世包括愛因斯坦在內的物理學家都對這本書讚賞有加，稱讚伽利略為「物理學之父」。

帕斯卡

發明滾輪式加法器和注射器

西元 1623～1662 年

帕斯卡於 1623 年出生在法國的稅務官家庭，他從小就對科學研究有著濃厚興趣。帕斯卡由父親一手拉拔長大，當他看到年邁的父親進行稅務計算越來越吃力時，就想為父親製作一台機械電腦。

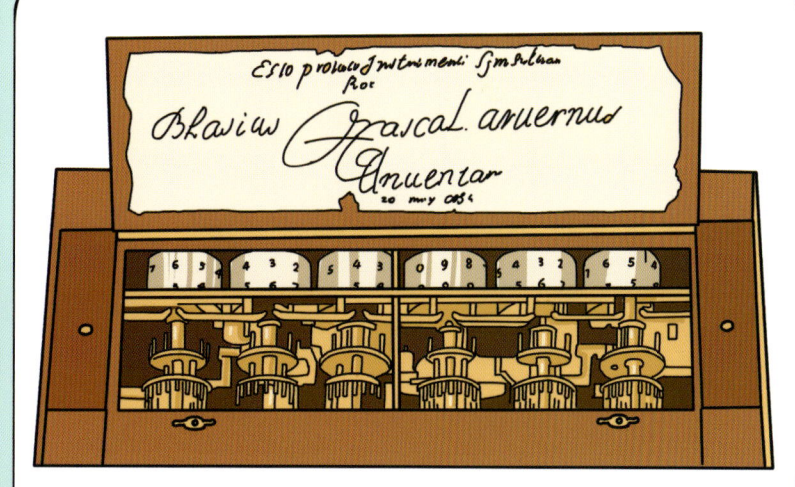

19 歲那年，帕斯卡終於成功製造出一台加法器，這台機器像一個長方形盒子，裡面布滿齒輪，撐緊發條後就可以進行加減法的運算了。

帕斯卡是十七世紀的數學家、物理學家。他曾為在稅務局工作的父親發明了一台加法器，這是二十世紀電腦的鼻祖。我們現在使用的壓力單位「帕」也是來自他的名字。

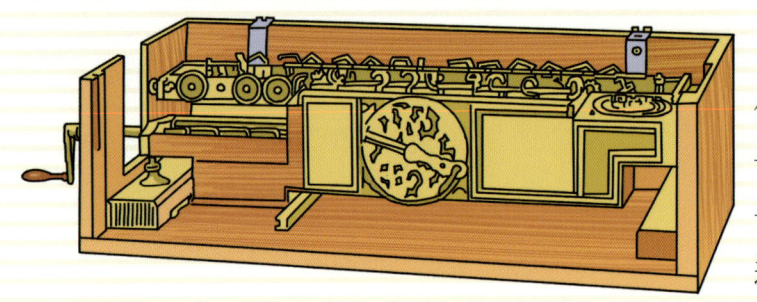

盒子上有 6 個輪子，分別代表著個、十、百、千、萬、十萬。只需要順時針撥動輪子，就可以進行加法運算，而逆時針則可進行減法運算。

為了解決進位問題，帕斯卡採用一種小爪子式的棘輪裝置。當定位齒輪朝 9 轉動時，棘爪便逐漸升高；一旦齒輪轉到 0，棘爪就「喀嚓」一聲跌落下來，推動十位數的齒輪前進一檔。

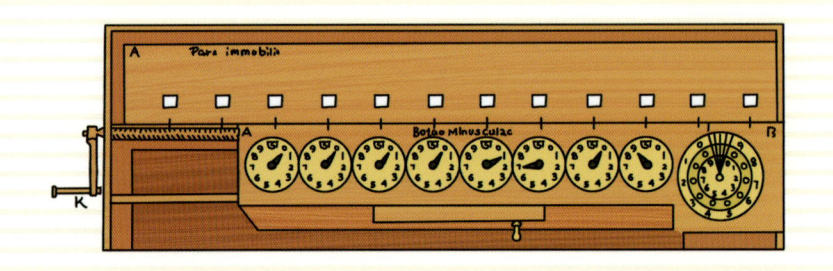

滾輪式加法器研製成功以後，帕斯卡接著製作了 50 台這種機器，其中有 5 台保留到現在。據說其中兩台還曾在清末時被送到紫禁城，不過這種機械並沒有引起慈禧太后的興趣，所以被鎖在庫房裡。

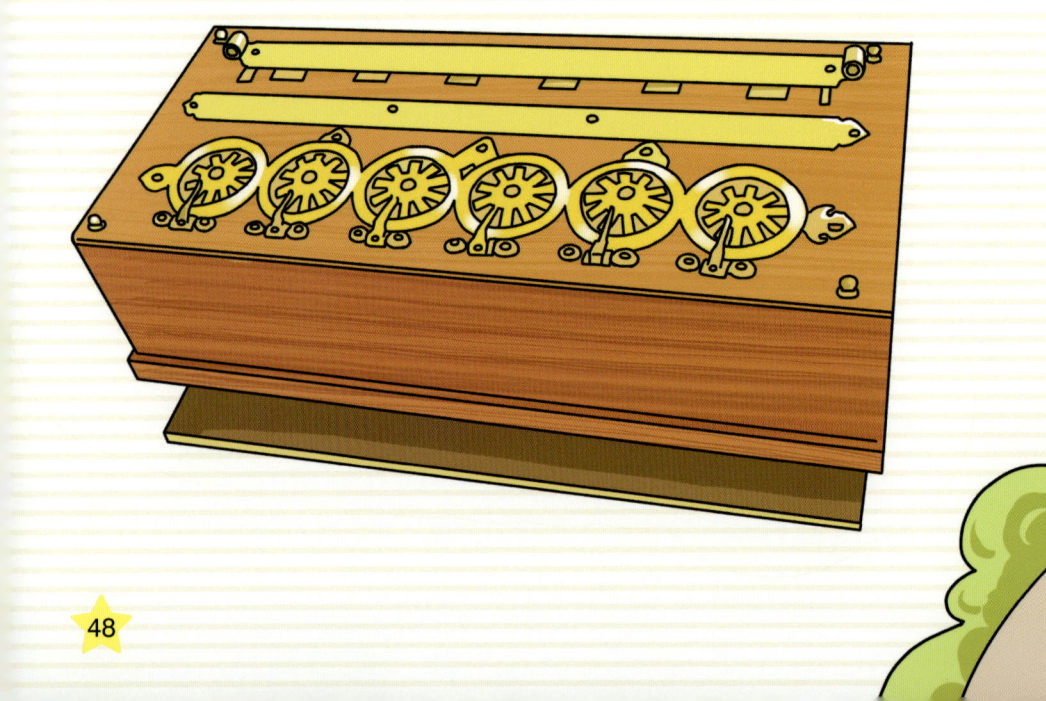

帕斯卡原理示意圖

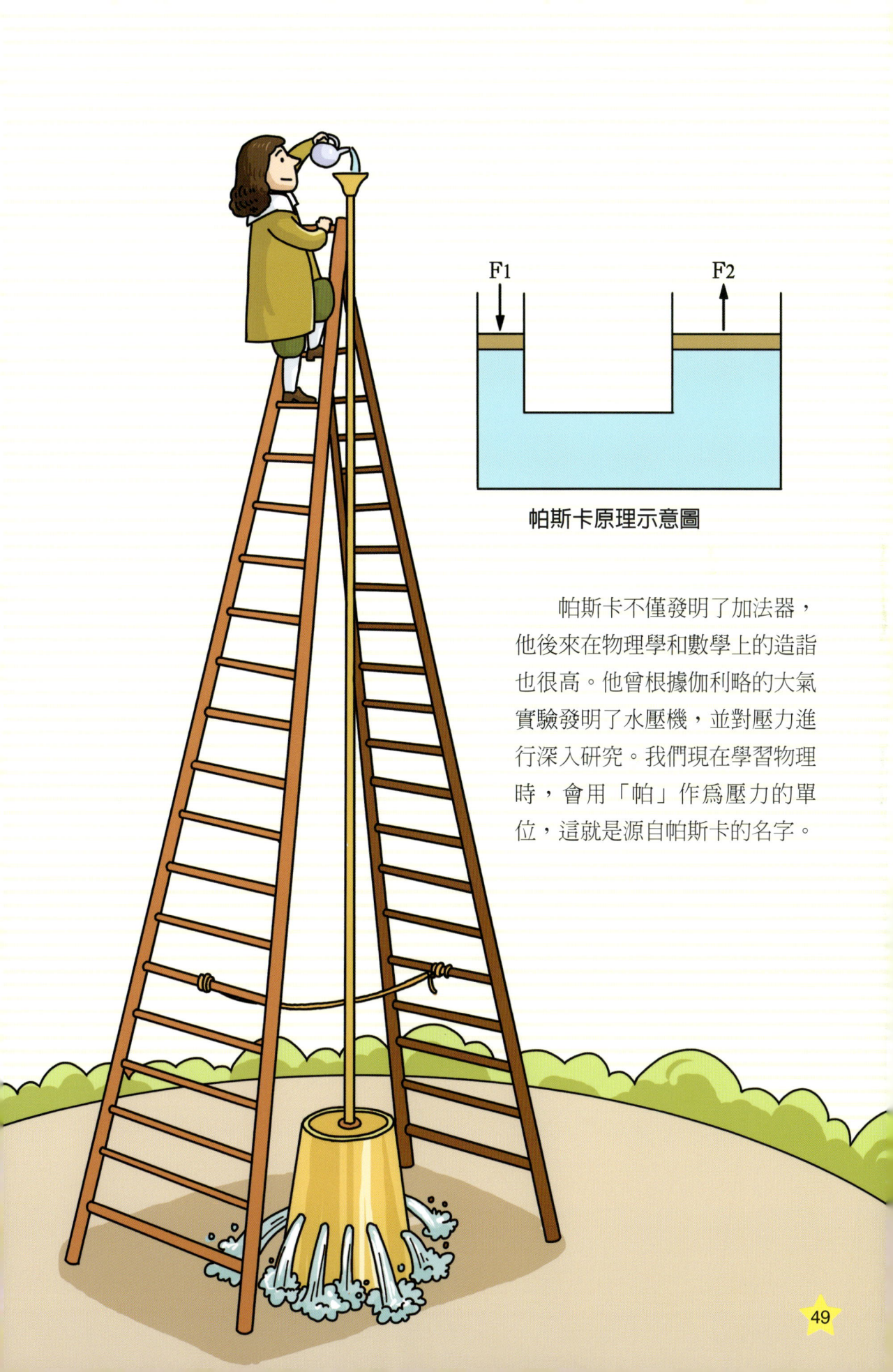

　　帕斯卡不僅發明了加法器，他後來在物理學和數學上的造詣也很高。他曾根據伽利略的大氣實驗發明了水壓機，並對壓力進行深入研究。我們現在學習物理時，會用「帕」作為壓力的單位，這就是源自帕斯卡的名字。

49

在研究液體壓力時，帕斯卡發現：靜止的液體中任一點受外力產生壓力增值後，這個壓力增值會在瞬間傳至液體各處。這一發現後來被物理學界命名為「帕斯卡定律」。1650 年，他根據這一現象發明了世界上第一支注射器。

在數學方面，帕斯卡的研究成果更多。他曾發表過多篇代數研究的論文，並在其中發表了自己發現的二項展開式的係數規律，即「帕斯卡三角形」。

	0	1	2	3	4	5	6
0	1	1	1	1	1	1	1
1	1	2	3	4	5	6	
2	1	3	6	10	15		
3	1	4	10	20			
4	1	5	15				
5	1	6					
6	1						

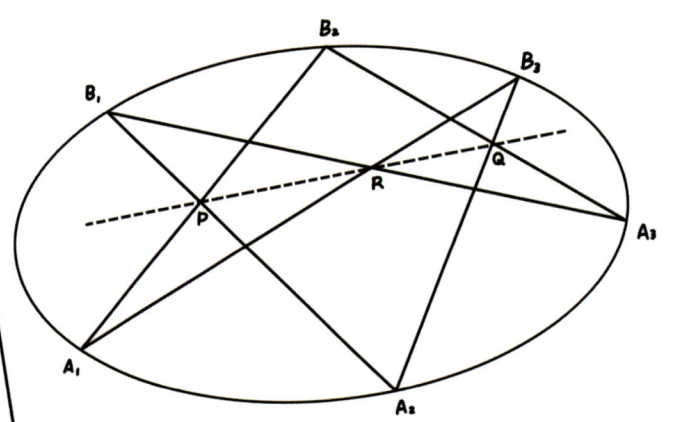

他還研究了圓錐曲線內接六邊形的問題，推導出投影幾何中的重要定理。

帕斯卡與另一位數學家費馬共同建立了概率論和組合論的基礎，並得出概率論問題的一系列解法——帕斯卡因此被視為統計學的奠基人、現代大數據研究的祖師爺。

雖然在科學研究上成果卓著，但常年辛苦的研究工作也讓帕斯卡患上重病。在休養期間，帕斯卡仍對研究工作念念不忘，他寫出多篇關於物理學、哲學的論文。1659 年，帕斯卡病重離世，享年 39 歲。

牛頓

發現萬有引力、科學界「全才」

西元 1643～1727 年

牛頓是萬有引力的發現者，在力學、光學、熱學、數學、哲學方面均有很高成就。他與萊布尼茲並列為微積分的發明者，還製造出反射式望遠鏡。後人稱他為百科全書式全才、大科學時代的開創者。

你一定聽過牛頓和蘋果的故事吧！故事說牛頓在蘋果樹下午睡，結果被掉落的蘋果砸中了腦袋，他由此獲得啟發，進而發現萬有引力定律。

這個故事聽起來很有趣，但實際上牛頓發現萬有引力的過程，可比故事中複雜多了。

1643 年，牛頓出生在英格蘭鄉下的一個村莊，他小時候並非神童，而是個成績一般的孩子。不過他很喜歡看書，動手能力也很強，常跟著書中介紹來自己製作木鐘、風車等玩具。後來他甚至開始自己設計、製作一些小機械，譬如會在固定時間滴水的水鐘，或者是磨坊的模型。

　　上中學時，牛頓寄宿在一位藥劑師家中，使他受到化學實驗的薰陶。這時的他更喜歡看書了，尤其是那些旁人覺得複雜的數學、物理書籍，牛頓更是看得津津有味。

　　19 歲時，牛頓進入了劍橋大學，學習亞里斯多德的學說，不過這時的牛頓更喜歡研究笛卡兒、哥白尼、克卜勒的著作。

22 歲那年，牛頓發現了廣義二項式定理，並開始發展一套新的數學理論，也就是後來為世人所熟知的微積分學。這一年，劍橋大學因為倫敦大瘟疫而關閉了，在此後的兩年間，牛頓便一直在家研究微積分、光學和力學。

牛頓被掉落的蘋果打中腦袋的故事也正是發生在這一時期。

　　被蘋果砸中時，牛頓正在思考：「到底是什麼力量讓月球穩定地圍繞地球旋轉呢？」看到蘋果的瞬間，牛頓獲得了啟發：「也許蘋果和月球都是受某種力量牽引而運動的；行星圍繞著太陽旋轉也是因為這種力」。從此他開始對天體力學進行研究。

當疫情結束後，牛頓回到了劍橋大學，被選為初級院委。兩年後，他又被聘為講座教授——這一年他才 26 歲！

1672 年，牛頓成為了皇家學會成員——這個學會是當時英國最具有名望的科研學術機構。

牛頓在克卜勒的研究基礎上展開了大量實驗，終於在 1684 年完成了《物體在軌道中之運動》一書。他在書中闡述了物體運動的三個基本定律。

第一定律是：任何一個物體在不受任何外力或受到的力平衡時，總保持勻速直線運動或靜止狀態。

第二定律是：力的暫態作用規律，力和加速度同時產生、同時變化、同時消逝。

第三定律為作用力等於反作用力。

1687 年，牛頓又在自己的著作《自然哲學的數學原理》中闡述了萬有引力定律，即：任兩個質點都存在通過其連心線方向上相互吸引的作用力，該引力大小與它們的質量乘積成正比，並與它們彼此間距離的平方成反比。

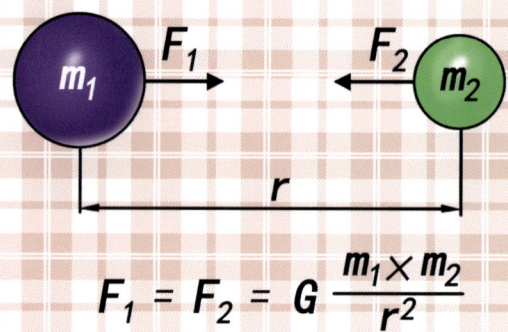

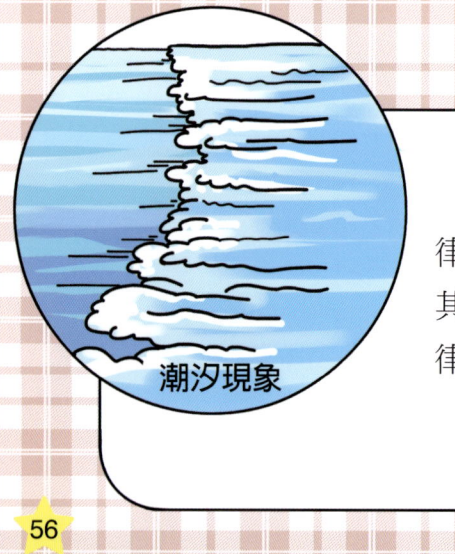

$$F_1 = F_2 = G \frac{m_1 \times m_2}{r^2}$$

牛頓還利用萬有引力定律解釋了海洋的潮汐現象，其他天文學家也根據這一定律發現了哈雷彗星、海王星。

潮汐現象

哈雷彗星

這一定律被認為是十七世紀科學界最偉大的發現，它把地面上物體運動的規律和天體運動的規律統一了起來，對之後物理學和天文學的發展具有深遠的影響。

　　牛頓在光學上的研究也是成果卓著。他發現稜鏡可以將白光發散為彩色光譜，而透鏡和第二個稜鏡可以將彩色光譜重組為白光。根據這一現象，他發明了反射式天文望遠鏡。

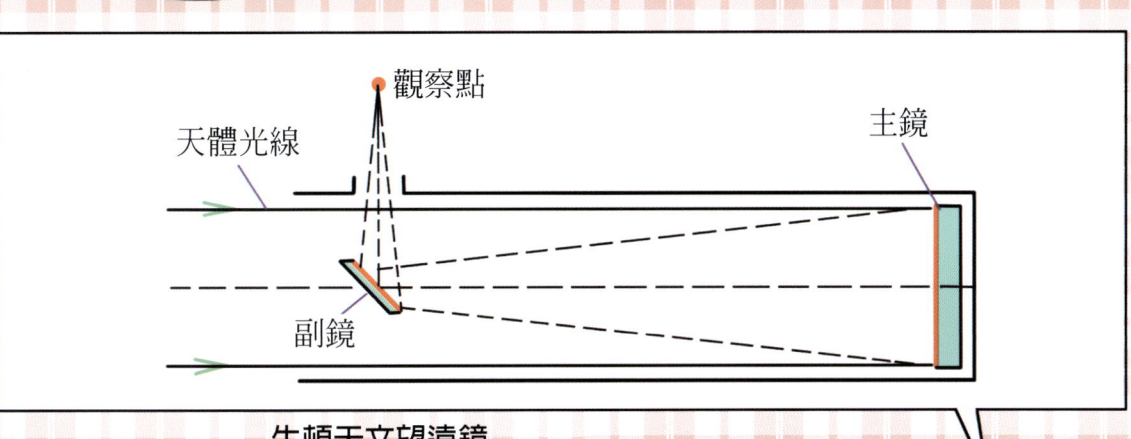

觀察點
天體光線
主鏡
副鏡

牛頓天文望遠鏡

　　這種望遠鏡不僅造價低廉，還非常適合觀測那些暗弱的銀河外星系、星雲等，因此在天文學界得到廣泛應用。

57

冷卻定律

在熱學領域，牛頓發現了冷卻定律，即當物體表面與周圍有溫差時，單位時間內從單位面積上散失的熱量與這一溫差成正比。

雖然牛頓的一生中，大部分時間都從事科學研究工作，但他也曾擔任一些世俗的職務——譬如 1689 年，牛頓當選了英國國會議員，隨後被派到倫敦皇家鑄幣廠做監管，他曾在任期內推動了英國歷史上最大規模的貨幣重鑄工作。

牛頓的一生還充滿了許多謎團，譬如晚年的他開始沉迷煉金術。不過十七世紀的煉金術與有機化學密切相關，所以也有很多人相信牛頓是在研究化學。牛頓曾寫過很多煉金術方面的文章，但這些內容在尚未發表前，就已在一次意外中被燒掉了。

1727年，牛頓去世，死後被安葬在威斯敏斯特教堂。他的墓碑上鐫刻著：「讓人們歡呼吧，因為這樣一位偉大的人類曾經在世界上存在。」

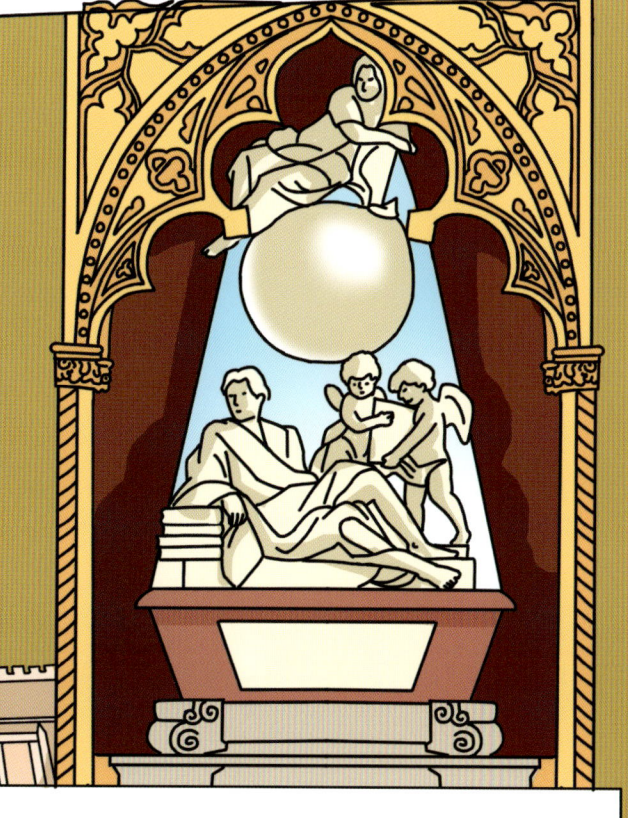

西方科學界將十六～十七世紀視為科學世紀的開始，而牛頓正是開啟這時代的科學巨匠之一。在牛頓誕生後的數百年裡，人們的生活方式發生了翻天覆地的變化，而這些變化大都是基於牛頓的理論和發現。

萊布尼茲
微積分的發明人

西元 1646～1716 年

萊布尼茲是德國哲學家、數學家，他和牛頓先後獨立發現了微積分，而由他創造的微積分數學符號使用得更為廣泛。在哲學上，萊布尼茲是一個樂觀主義者，被認為是十七世紀三大理性主義哲學家。

1646 年，萊布尼茲出生在萊比錫一個貴族家庭。在他 6 歲時，父親去世了，但為他留下了一個私人圖書館。萊布尼茲 12 歲開始自學拉丁文和希臘文，並在 20 歲完成了大學學業，並獲得法律學位。

隔年，萊布尼茲被派往巴黎為國王路易十四服務，他因此進入了巴黎的知識分子社交圈，並結識了很多數學家。在這時期，萊布尼茲發明了微積分。我們現在使用的 dx、dy 等微積分符號就是他的創造。

25 歲那年，他發表了《抽象運動的理論》及《新物理學假說》兩篇論文，分別獻給了巴黎的科學院和倫敦的皇家學會，這使萊布尼茲的名聲在歐洲學術界迅速打開。

1679 年，萊布尼茲發明了二進位——我們現在使用的數字是逢 10 進 1，即十進位，而二進位是逢 2 進 1。這是一種全新的計數系統，二十世紀出現的電腦就是使用這種系統。

Tabula ita stabit

1	1	2^0
10	2	2^1
100	4	2^2
1000	8	2^3
10000	16	2^4
100000	32	2^5
1000000	64	2^6
10000000	128	2^7
100000000	256	2^8
1000000000	512	2^9
10000000000	1024	2^{10}

關於萊布尼茲與二進位還有一段趣事，就是他晚年時迷上了中國的《周易》，因為他發現中國的陰和陽就是一種二進位的計數方式。

000000　000001　000010　000011
　0　　　　1　　　　2　　　　3

不過一生順風順水的萊布尼茲在1695年被捲入了一場糾紛──這一年，一位英國學者宣稱牛頓才是微積分的發明人，幾年之後，支持這一說法的人越來越多，他們還聲稱是萊布尼茲剽竊了牛頓的研究成果。

1712 年，英國皇家學會成立了一個委員會調查此案，並在 1713 年初發布公告，確認牛頓是微積分的第一發明人，萊布尼茲因此在學術界遭到冷落。

　這場持續了十幾年的糾紛還加深了英國和歐洲學術圈的矛盾。英國人堅持使用牛頓創造的微積分符號，但歐洲大陸國家都使用萊布尼茲發明的微積分符號，這種差異製造了很多麻煩，進而延緩了英國的數學發展。

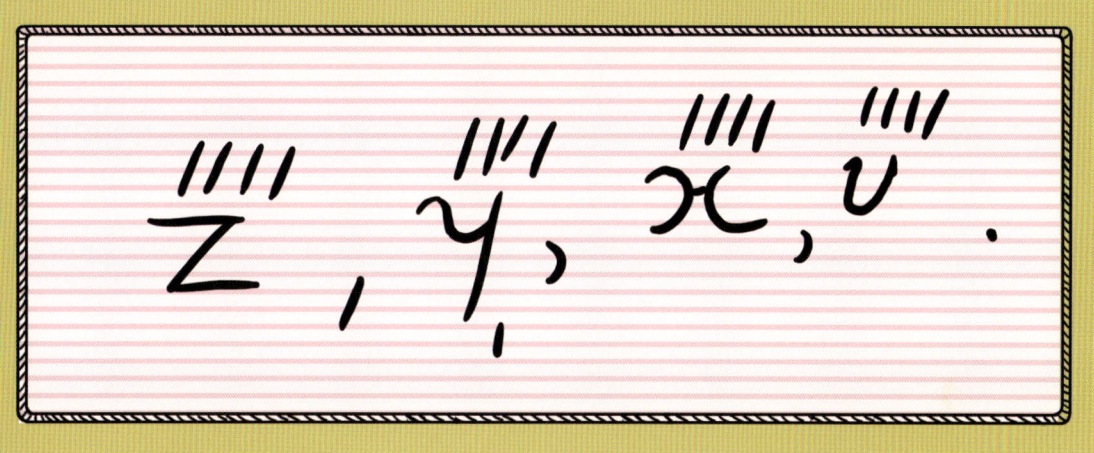

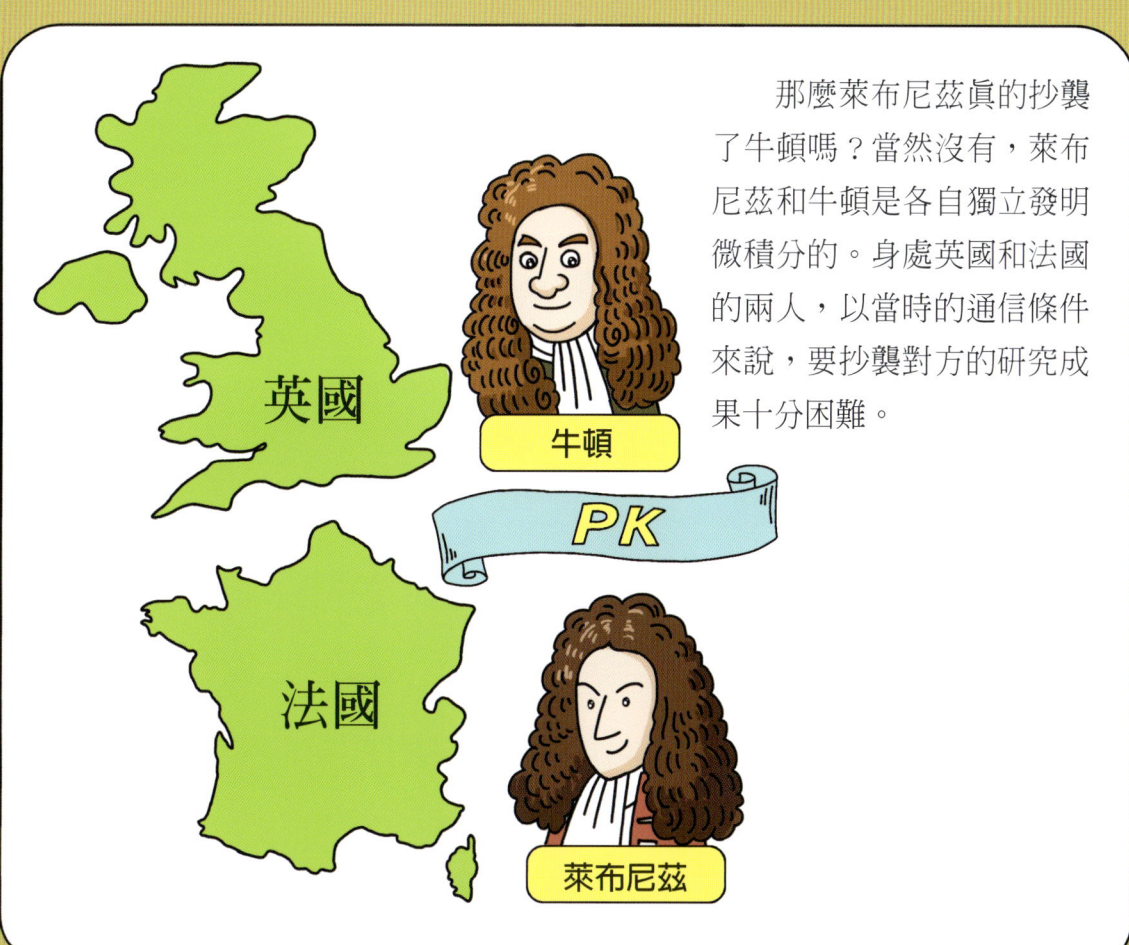

$$\ddot{z}, \dddot{y}, \ddot{x}, \dddot{v}.$$

　那麼萊布尼茲真的抄襲了牛頓嗎？當然沒有，萊布尼茲和牛頓是各自獨立發明微積分的。身處英國和法國的兩人，以當時的通信條件來說，要抄襲對方的研究成果十分困難。

英國

牛頓

PK

法國

萊布尼茲

只要深入研究就會發現，牛頓發明微積分是為物理學服務的，描述比較含糊；而萊布尼茲是從幾何學方向來推導微積分，因此他發明的符號對微積分的表述更準確。

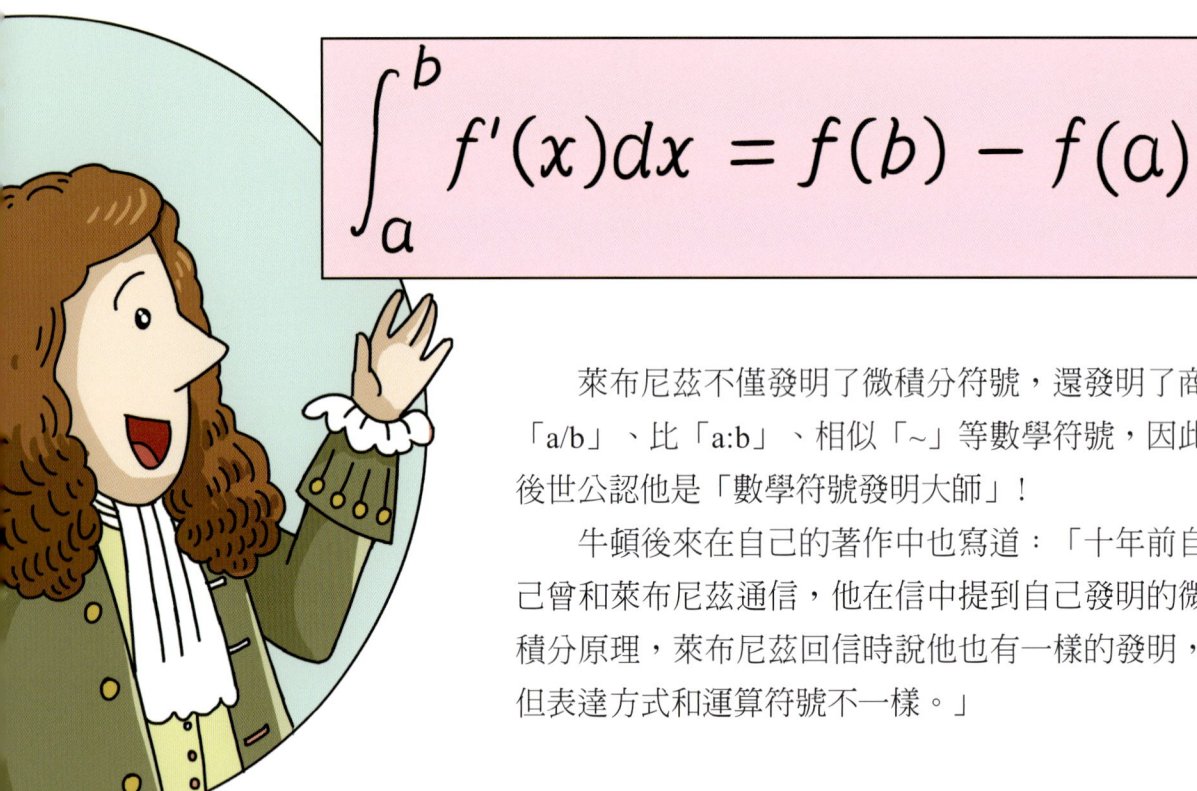

$$\int_a^b f'(x)dx = f(b) - f(a)$$

萊布尼茲不僅發明了微積分符號，還發明了商「a/b」、比「a:b」、相似「~」等數學符號，因此後世公認他是「數學符號發明大師」！

牛頓後來在自己的著作中也寫道：「十年前自己曾和萊布尼茲通信，他在信中提到自己發明的微積分原理，萊布尼茲回信時說他也有一樣的發明，但表達方式和運算符號不一樣。」

萊布尼茲也對牛頓有很高的評價，他曾在普魯士國王的宴會上說道：「從世界的開始直到牛頓生活的時代為止，牛頓對數學發展的貢獻超過了一半。」

1714 至 1716 年間，萊布尼茲在去世前起草了《微積分的歷史和起源》，這本書直到一百多年後才得以出版。現在的研究者已公認他微積分發明人的身分。

萊布尼茲除了是一位天才數學家之外，還是歐陸理性主義哲學的代表人物之一。哲學界將他稱為「十七世紀的亞里斯多德」。

格里克發明空氣泵

最早的氣壓調節裝置

西元 1654 年

在十七世紀，人們已經意識到我們的周圍布滿空氣，如果在容器中把空氣抽掉，就可以製造出一個真空。真空和普通空間中存在著氣壓。

1650 年，一名叫格里克的德國市長也想證明大氣壓力的存在。他找來一個木桶注滿水並密封，然後將一個水泵固定在水桶旁向外抽水，按照他的設想：「當桶中的水抽完時，桶內就是真空狀態了」。

1650 年，喜歡做實驗的德國市長格里克發明了世界上第一台空氣泵，用來製造局部真空。1654 年，他又進行了物理學上著名的「馬德堡實驗」，證明了氣壓的強大。後人對他的成果進行了改進，製造了可以用於船舶、消防的泵。

早期在 1643 年,曾有一名義大利科學家托里切利就做過一個水銀氣壓試驗,並由此發明了氣壓計。

將玻璃管中裝滿水銀

再將玻璃管倒立在水銀槽中

真空
760 mm
水銀面
水銀槽

　　格里克剛開始抽水時很輕鬆,但越抽越吃力,甚至需要幾個人來搖水泵。最後在水還沒有抽乾前,木桶就被壓碎了。這次實驗讓格里克第一次感受到氣壓的強大。

　　幾年之後,格里克根據水泵原理製造了空氣泵,並用銅球又做了一場實驗,這就是物理學歷史上著名的「馬德堡實驗」。

格里克將兩個氣密性極佳的銅半球扣合，並抽出空氣，然後將16匹馬分成兩隊，讓馬往相反方向用力拉，但銅球仍沒有被分開。這個實驗成功的證實了真空的存在，也讓人們具體地感受到氣壓的強大。

幾年之後，愛爾蘭物理學家波以耳接過了格里克的接力棒，開始研究空氣泵。他為空氣泵接上一個玻璃製造的接收器，這樣更方便觀察者查看真空的狀態。

玻璃製造的接收器

玻璃製造的接收器

波以耳分別把機械、昆蟲和小鳥放進玻璃器中，再抽掉空氣，他發現在真空環境下，昆蟲無法飛行，小鳥也很快就死了。

　　波以耳的實驗側重檢驗真空的狀態，而同時期的另一些發明家，則開始利用氣壓來製造機械。1675 年，英王查理二世的御用機械師撒母耳・莫蘭發明了柱塞泵，這種泵可以利用活塞改變氣壓抽水。後來柱塞泵被廣泛應用於池塘抽水、消防等工作。1720 年，倫敦城市的供水系統中也開始使用柱塞泵。

　　氣壓的發現和各種泵的發明意義重大，因為後來引發第一次工業革命的蒸汽機，就是應用了氣壓原理。

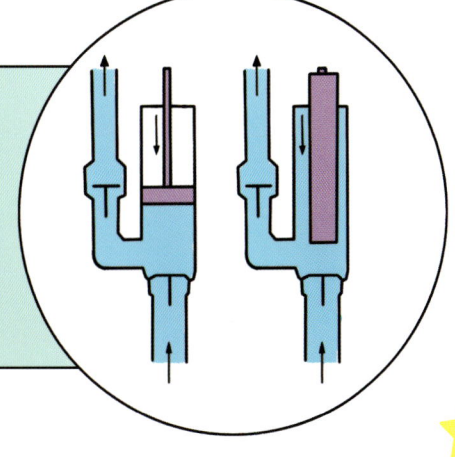

清初瓷器
古代製瓷業的巔峰

中國自古是瓷器王國。從十一世紀的宋朝開始，中國的製瓷工藝越發成熟，瓷器逐漸取代了絲綢，成為了最受歡迎的中國商品。

1987年，人們在陽江海域發現了一艘南宋商船的殘骸，船上就載有超過8萬件南宋瓷器。這艘沉船後來被命名為「南海一號」，它見證了中世紀亞洲海洋貿易的繁榮，以及中國瓷器的暢銷。

約十七～十八世紀

清朝是中國歷史上最後一個封建王朝，在這一時期，作為中國手工業代表的製瓷業發展到頂峰。大量瓷器、茶葉出口到歐洲，讓中國人賺取了大量利潤，這也引發了英國人的嫉妒，也成為後來鴉片戰爭的導火線。

到了明朝中期，製瓷業又有了一輪大進展。鬥彩、礬紅釉、嬌黃釉等許多新品種的瓷器被創燒。明朝中晚期的彩瓷由於顏料純正，上色技法新穎，所以顏色明亮且光亮如鏡。

明朝宣德年間燒製的瓷器，至今仍是全世界瓷器收藏家們喜愛的收藏品之一。

十七世紀上半葉，清朝統治穩定以後，包含製瓷業在內的手工業再次迎來了快速發展。不僅彩瓷的色彩更穩定了，瓷器的器形也更豐富了。

隨著航海技術的提升，從十七世紀開始，越來越多歐洲的商船也得以快速地往來歐、亞之間，造就中國和歐洲的聯繫更加緊密了起來。此時一種叫琺瑯料的顏料傳入中國，瓷器工匠們利用這種顏料創燒出一種新的瓷器——琺瑯彩瓷。

包括琺瑯彩瓷在內的各種中國瓷器遠銷歐洲，很受歡迎。當時的歐洲貴族，如果能在喝下午茶時使用一套中國茶具，這將是非常值得炫耀的事。貴族們的櫃子裡也經常展示著來自中國的瓷盤。

隨著貿易規模的擴大，清朝的工匠又開始根據歐洲人的要求訂製瓷器。他們把瓷器的器形換成了歐洲人喜歡的樣子，或者把瓷器上的彩畫換成西洋畫，這讓中國瓷器更暢銷了。

暢銷的中國商品不止有瓷器，還有茶葉、紡織品、訂製壁紙。在十六～十七世紀的歐洲，狠狠刮起了一股中國風。

但這種情況引發了歐洲商人們的不滿，因為歐洲沒有什麼可以賣到中國的，這讓歐洲商人們無利可圖。要怎樣改變這種局面呢？英國人想到了鴉片。

從十八世紀開始，英國人將大量鴉片賣到了中國，並賺取了豐厚利潤。但無數中國人因為吸食鴉片而疾病纏身、家破人亡。為了禁止鴉片，林則徐等官員展開了銷煙運動。

但這觸動到英國人的利益，他們靠著船堅炮利在中國沿海發起了戰爭，強制清政府允許他們銷售鴉片，這就是歷史上的「鴉片戰爭」。這場戰爭也是中國近代屈辱史的開端。

鴉片戰爭

全新官方臉書
五南讀書趣
WUNAN Books since1966

Facebook 按讚
1秒變文青
五南讀書趣 Wunan Books

★ 專業實用有趣
★ 搶先書籍開箱
★ 獨家優惠好康

不定期舉辦抽獎
贈書活動喔！！！

經典永恆・名著常在

五十週年的獻禮——經典名著文庫

五南，五十年了，半個世紀，人生旅程的一大半，走過來了。
思索著，邁向百年的未來歷程，能為知識界、文化學術界作些什麼？
在速食文化的生態下，有什麼值得讓人雋永品味的？

歷代經典・當今名著，經過時間的洗禮，千錘百鍊，流傳至今，光芒耀人；
不僅使我們能領悟前人的智慧，同時也增深加廣我們思考的深度與視野。
我們決心投入巨資，有計畫的系統梳選，成立「經典名著文庫」，
希望收入古今中外思想性的、充滿睿智與獨見的經典、名著。
這是一項理想性的、永續性的巨大出版工程。
不在意讀者的眾寡，只考慮它的學術價值，力求完整展現先哲思想的軌跡；
為知識界開啟一片智慧之窗，營造一座百花綻放的世界文明公園，
任君遨遊、取菁吸蜜、嘉惠學子！